BIBLIOTHÈQUE
DE PHILOSOPHIE CONTEMPORAINE

LA MATIÈRE BRUTE

ET LA

MATIÈRE VIVANTE

PAR

J. DELBŒUF

Professeur à l'Université de Liège.

PARIS

ANCIENNE LIBRAIRIE GERMER BAILLIÈRE ET Cie

FÉLIX ALCAN, ÉDITEUR

108, BOULEVARD SAINT-GERMAIN, 108

1887

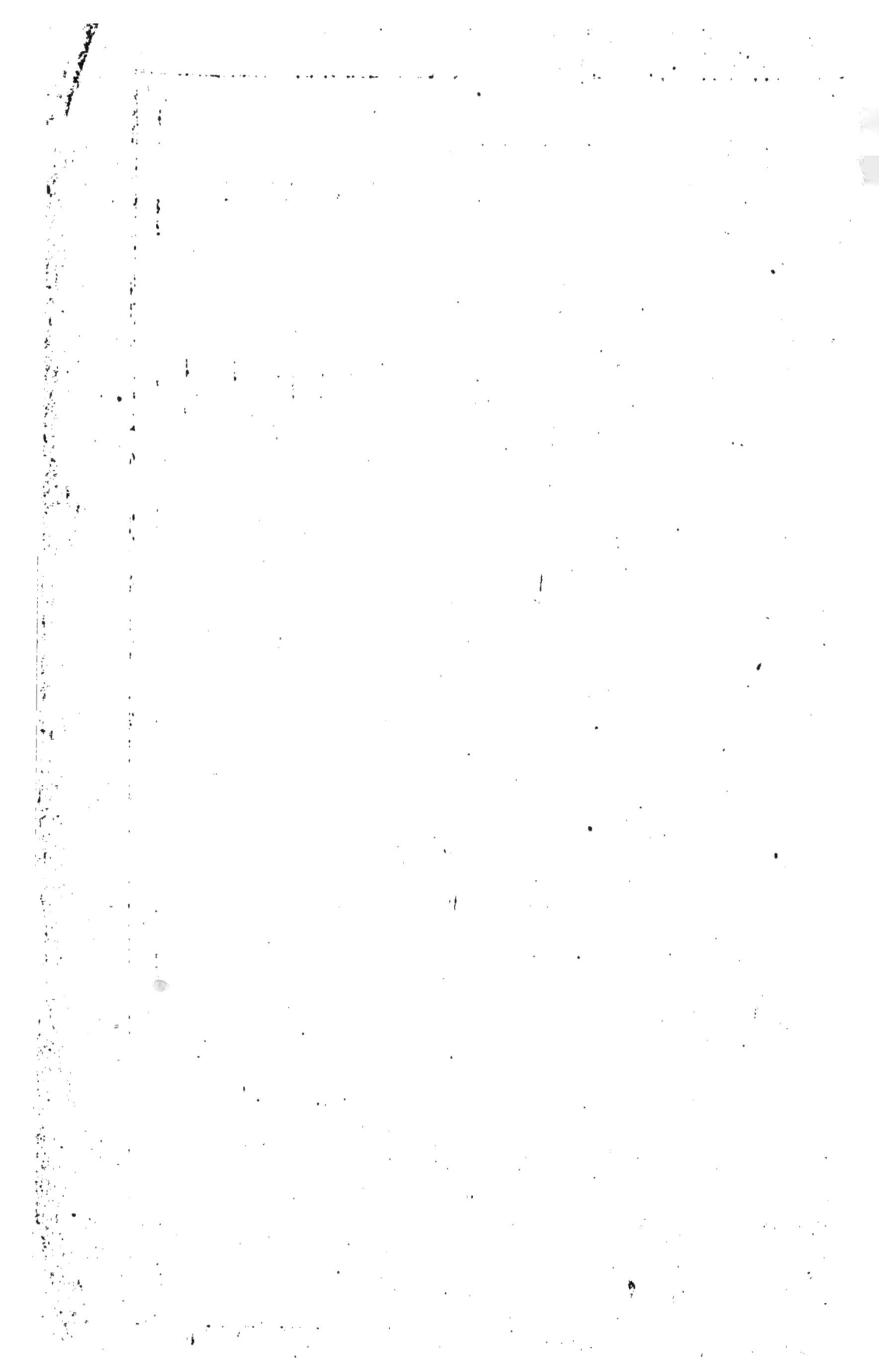

LA MATIÈRE BRUTE

ET

LA MATIÈRE VIVANTE

AUTRES OUVRAGES PHILOSOPHIQUES DE M. J. DELBŒUF

Prolégomènes philosophiques de la géométrie et solution des postulats, suivis de la traduction, par le même, d'une dissertation sur les principes de la géométrie, par Fréd. UEBERWEG. 1 vol. in-8°. Liège, Desoer; Paris, Ladrange; Leipzig, Muquardt... 4 fr. »

Essai de logique scientifique. — Prolégomènes suivis d'une étude sur la question du mouvement considérée dans ses rapports avec le principe de contradiction. 1 vol. in-8°. *ibid.*...... 5 fr. »

Logique algorithmique. — Essai sur un système de signes appliqué à la logique, avec une introduction où sont traitées les questions générales relatives à l'emploi des notations dans les sciences. 1 vol. in-8°. Liège, Desoer................... 3 fr. 50

Étude psychophysique. — Recherches théoriques et expérimentales sur la mesure des sensations et spécialement des sensations de lumière et de fatigue. In-8°. Liège, Desoer.......... 3 fr. »

Théorie générale de la sensibilité. — Mémoire contenant les éléments d'une solution scientifique des questions générales relatives à la nature et aux lois de la sensation, à la formation et au rôle des organes des sens, à l'action de la sensibilité sur le développement physique et intellectuel de l'individu et de l'espèce. In-8°. *ibid.*.................................... 3 fr. »

La psychologie comme science naturelle; son présent et son avenir. Application de la méthode expérimentale aux phénomènes de l'âme. Bruxelles, Muquardt; Paris, Germer Baillière. 2 fr. 50

Éléments de psychophysique générale et spéciale; mesure des sensations de lumière et de fatigue, théorie générale de la sensibilité. 1 vol. in-16. Paris, Félix Alcan.................. 3 fr. 50

Examen critique de la loi psychophysique, sa base et sa signification. — Hering contre Fechner, Fechner contre ses adversaires. 1 vol. in-16. Paris, Félix Alcan................. 3 fr. 50

Le sommeil et les rêves considérés principalement dans leurs rapports avec les théories de la certitude et de la mémoire. — Le principe de la fixation de la force. 1 vol. in-16. Paris, Félix Alcan.. 3 fr. 50

Sceaux. — Imp. Charaire et fils.

LA MATIÈRE BRUTE

ET

LA MATIÈRE VIVANTE

ÉTUDE SUR

L'ORIGINE DE LA VIE ET DE LA MORT

PAR

J. DELBŒUF

Professeur à l'Université de Liège.

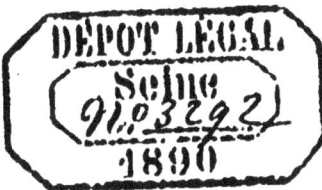

PARIS

ANCIENNE LIBRAIRIE GERMER BAILLIÈRE ET C⁽ᵉ⁾

FÉLIX ALCAN, ÉDITEUR

108, BOULEVARD SAINT-GERMAIN, 108

—

1887

LA
MATIÈRE BRUTE
ET LA
MATIÈRE VIVANTE

PRÉFACE

Je venais de soumettre au jugement de l'Académie royale de Belgique ma *Théorie générale de la sensibilité*. Schwann, l'immortel physiologiste, était du nombre des commissaires chargés de l'examen du Mémoire. Il me pria de le lui lire. Après avoir entendu un passage que je rappelle dans le cours de ce travail [1], jetant sur moi ce regard si fin et si perçant, demi-souriant et demi-ironique, sceptique et bienveillant, seul trait de sa physionomie par où son génie se laissait deviner, il me dit : « Vous avez, à ce qu'il paraît, pensé à la cause de la mort, et vous croyez avoir trouvé quelque chose. Moi aussi j'y ai souvent pensé, mais je ne sais vraiment pas pourquoi nous mourons. » Alors partant de sa théorie cellulaire, il me démontra qu'elle était absolument incompatible avec la nécessité de la mort. J'aurais voulu savoir le fond de sa pensée; mais il ne m'y laissa pas pénétrer. Comme

1. Page 93.

il était sincèrement croyant, quoiqu'il n'aimât pas de faire intervenir ses croyances religieuses dans les choses de science, peut-être voyait-il dans la mort un mystère, autrement dit, une nécessité dérivant d'une loi non naturelle, mais providentielle.

Pour moi, depuis ce jour, le problème hanta obstinément mon esprit, et la solution m'en parut de plus en plus devoir être cherchée dans cette grande loi, conquête de notre siècle, d'après laquelle toute chose se précipite vers sa propre destruction en dépit et à cause des efforts mêmes qu'elle fait pour se maintenir. C'est ainsi que les affinités les plus puissantes, sources de tout mouvement et de toute vie, précisément parce qu'elles tendent à leur satisfaction, courent à leur anéantissement et engendrent des produits et des réactions qui finissent par rendre la vie et le mouvement impossibles.

Quand je mis mes idées par écrit (c'était au commencement de l'année 1883 [1]) je ne connaissais aucun auteur qui eût traité la question, et je terminai mon travail persuadé que j'avais exploré une terre encore vierge. Cela m'étonnait bien un peu, je l'avoue, car qu'y a-t-il de plus commun que la mort, et qui doive nous intéresser davantage ?

Je me trompais cependant. La plus grande partie de mon manuscrit était achevé et entre les mains de M. Ribot, quand je reçus de lui un opuscule de M. Alexandre Götte, traitant justement de l'origine de la mort [2].

Je le lus avec avidité — il est extrêmement intéressant — et j'en rendis compte aussitôt dans la *Revue philosophique* [3], ainsi que de deux ouvrages de M. Weismann [4]

---

1. Mon premier article a paru dans la livraison d'octobre 1883 de la *Revue philosophique.*
2. *Ueber der Ursprung des Todes* (Hambourg et Leipzig, 1883).
3. Juin 1884.
4. *Ueber die Dauer des Lebens* (Salzbourg, 1881). *Ueber Leben und Tod* (Iena, 1884).

qui avaient, l'un précédé, l'autre suivi de près la publi-
cation de M. Götte.

Voici ce que je disais à ce propos :

« L'ouvrage de M. Götte semble avoir été inspiré par
un remarquable discours de M. Weismann *Sur la durée de
la vie*, prononcé à Salzbourg devant une réunion de natu-
ralistes et de médecins, le 21 septembre 1881.

« D'après M. Weismann, ce sont les circonstances extérieures qui déterminent la durée de la vie des individus,
ou mieux, qui mettent en chacun d'eux un ressort d'une
certaine force. La durée de la vie est ainsi une pure convenance. Or l'intérêt de l'espèce prime celui de l'individu.
Du moment donc que le sort de l'espèce est assuré, les
individus ne servent plus de rien, leur survivance serait de
luxe. Aussi la plupart des organismes meurent-ils immédiatement après avoir donné le jour à leur progéniture.

« Cette proposition, M. Weismann cherche à l'étayer par
de nombreux exemples pris dans tous les règnes de la
nature. Malheureusement les exceptions à sa règle sont
un peu trop nombreuses et trop voyantes, — citons les poissons dont la vie paraît être très longue, et qui pondent
tous les ans des millions d'œufs.

« La mort, ayant son origine dans le principe de l'utilité
et de l'économie, n'est pas un attribut primitif de toute
chose vivante. En effet, il y a des animaux qui ne meurent
pas, par exemple, les protozoaires qui se propagent par
simple division. Il est évident qu'on ne peut pas assimiler
la division à la mort, puisqu'il n'y a pas de cadavre. La
mort est un privilège des protozoaires chez qui, par suite
de la séparation des fonctions, on trouve des cellules propagatrices et des cellules somatiques. Celles-ci, n'ayant
qu'une force de production limitée, sont exposées à toutes
sortes d'accidents dont les conséquences ne sont que trop
souvent irréparables.

« M. Götte n'admet pas cette explication de la mort. Le
principe de l'utilité, dit-il, ne peut rien créer de nouveau,

n'explique pas l'origine de la mort et ne nous fait pas saisir la raison de sa nécessité.

« Il faudrait définir la mort, et ce n'est pas chose facile, parce qu'on ne voit pas le moment précis de la mort. La vie des parties continue pendant que l'unité du tout est détruite. Ce mot, comme celui de vie, a donc deux sens, suivant qu'il s'applique aux éléments vivants ou à un organisme composé de parties différenciées unies en vue d'un but commun. Dans ce dernier cas, la mort est un arrêt de la vie générale, qui se manifeste quand les cellules cessent de travailler pour le tout.

« Où donc est l'origine de la mort? Les études remarquables faites sur les orthonectides par M. Julin, assistant du cours de zoologie à l'université de Liège [1], renferment, suivant M. Götte, la réponse à cette question. Les orthonectides semblent se développer uniquement en vue de la procréation. L'animal se compose simplement d'un entoderme et d'un ectoderme. Quand il est adulte, l'entoderme se transforme entièrement en œufs ou en spermatozoïdes, et l'ectoderme est réduit au simple rôle d'un sac qui, à un certain moment, s'ouvrira pour laisser échapper la féconde semence.

« A ce moment aussi l'orthonectide meurt. Chez les métazoaires de même genre (polyplastides), la mort est donc une conséquence *nécessaire* de la procréation.

« En serait-il de même chez les monoplastides? Ici surtout M. Götte se sépare de M. Weismann. Puisque le mode de génération par germes existe chez les métazoaires les plus élémentaires comme les orthonectides, il a dû être hérité des protozoaires. Ainsi dans les homoplastides, qui servent de transition entre les monoplastides et les hétéroplastides, et dont le corps se compose de parties identiques, celles-ci se séparent et reproduisent chacune un

---

1. *Contribution à l'histoire des Métazoaires. Recherches sur l'organisation et le développement embryonnaire des Orthonectides.* (*Archives de biologie*, vol. III, 1882.)

composé semblable à celui dont elles proviennent, après avoir passé par une période d'enkystement préliminaire à un rajeunissement. La seule différence entre ces deux espèces de propagation est que, chez les homoplastides, ce qui se transforme en germes, c'est *tout* le corps maternel, tandis que chez les hétéroplastides, ce n'en est qu'une *partie.*

« La mort naturelle n'est donc pas, comme le pense M. Weismann, une disposition acquise et propre seulement aux organismes différenciés, c'est une conséquence naturelle et nécessaire de la propagation.

« La nouvelle brochure de M. Weismann est une réponse à celle de M. Götte.

« La définition de la mort donnée par ce dernier est un leurre, dit M. Weismann, elle renferme le défini. Il a tort de considérer comme une circonstance accessoire le point de savoir si les cellules peuvent encore vivre ou non après la mort de l'ensemble. Est mort tout ce qui ne peut revivre, peu importe que la mort des éléments arrive un peu plus tôt ou un peu plus tard. Mort et cadavre sont deux idées corrélatives. Or il n'y a pas de cadavre dans la multiplication par division. L'enkystement n'est pas une suppression de vie, et rajeunissement est un terme mystique. Si ce terme est de mise, c'est évidemment dans la « conjugaison » où, par la combinaison d'un élément mâle et d'un élément femelle, il se produit un véritable renouvellement de puissance. Le kyste est un germe, c'est-à-dire une masse organique non encore organisée ; il deviendra un individu tout formé, et il s'est enveloppé d'une écorce pour s'accommoder au défaut d'espace ou pour se protéger ; sa vie active est réduite à un minimum, ou même s'est suspendue (refroidissement, dessèchement), mais elle n'est pas éteinte. Quelle différence entre cet état et la véritable mort produite par un acide ou par la cuisson! En conséquence pour les monoplastides, il ne peut être question de mort *naturelle.*

« M. Götte a tort, d'ailleurs, de faire de l'enkystement un

phénomène essentiel de la multiplication. C'est un phénomène tout à fait secondaire, qui même est loin d'être général, et qui n'a rien de commun avec la multiplication.

« Les métazoaires supérieurs sont sujets à ce que l'on appelle la mort. Mais il faut distinguer en eux la moitié mortelle et la moitié immortelle. La partie somatique seule est mortelle; l'autre est immortelle en puissance, ou pour parler plus exactement, elle a la faculté de s'entourer d'un nouveau corps. On ne peut donc appeler mort, la séparation des homoplastides, puisque dans ces organismes toute cellule est propagatrice. Et puis, quelle métaphore de nommer mort ce qui est en réalité multiplication de vie !

« M. Götte est dans le vrai lorsqu'il voit un phénomène de mort dans le déchirement de l'ectoderme des orthonectides, et peut-être ici avons-nous le premier exemple de mort naturelle. Mais M. Götte ne se trompe-t-il pas en voyant là non une concomitance, mais une cause nécessaire? M. Götte fait abstraction du mésoderme, c'est-à-dire de la couche musculaire. On ne voit pas bien pourquoi le mésoderme et l'ectoderme périssent parce que les germes s'en échappent.

« Pourquoi donc l'orthonectide meurt-elle ? La réponse est simple : *parce que son temps est venu;* parce que son corps est ainsi fait qu'il doit se dissoudre après la dispersion des germes, même en ayant de la nourriture à sa disposition.

« Mais, en supposant que, chez les orthonectides, la mort soit la conséquence nécessaire de la production des germes, de quel droit M. Götte étend-il cette conséquence à toutes le polyplastides? Chez la plupart des animaux n'observe-t-on pas plutôt la prépondérance en nombre des cellules somatiques sur les cellules propagatrices et l'indépendance pour ainsi dire absolue de celles-là à l'égard de celles-ci? Si le orthonectides sacrifient leur corps à leur progéniture, est ce une raison pour que tous les organismes en fassen autant? Et puis, est-il bien sûr que ces formes *parasitaires* servent de type aux autres polyplastides? Elles n'ont pas d'estomac !

« Si la propagation était cause directe de mort, elle devrait toujours agir de la même façon. Or rien de plus varié que les phénomènes par lesquels elle produit la mort quand elle la produit; tantôt c'est par inanition, tantôt par blessure, tantôt par choc nerveux. Il n'y a donc pas entre ces deux phénomènes un lien causal.

« La mort apparaît avec les êtres pluricellulaires; mais ce n'est pas en vertu d'une nécessité interne, c'est pour cause de convenance ou d'accommodation, sinon les cellules elles-mêmes devraient être sujettes à mourir naturellement.

« M. Weismann reproduit ici ses vues antérieures auxquelles il s'attache plus que jamais. Il n'avait pas précédemment expliqué en détail pourquoi, en vertu de la sélection, les cellules somatiques sont mortelles, il va essayer aujourd'hui de le faire.

« Que la sélection ne puisse faire du nouveau, c'est selon. Dans les premiers êtres, il n'y avait ni os, ni muscles, ni ailes, ni jambes, bien qu'il leur fût possible, mais non nécessaire d'acquérir tout cela un jour.

« Comment l'immortel peut-il devenir insensiblement mortel? La question resterait sans réponse si le descendant devait toujours être de la même espèce que l'ascendant. Mais ici c'est une moitié après partage qui devient mortelle, l'autre moitié restant immortelle. Et voyez! la mortalité est dévolue aux cellules qui accomplissent des fonctions définies, *comme si c'était le prix de l'exaltation de leur puissance.* Mais il n'y a en cela aucune nécessité interne; l'immortalité des cellules somatiques était dans les choses possibles, seulement elle eût été une véritable inutilité, un pur luxe.

« Quel est cependant l'avantage de ce procès sélectif? Impossible de répondre d'une façon précise à la question :

est-ce meilleur fonctionnement? est-ce augmentation de force et de matière? Les métazoaires inférieurs, d'ailleurs peu nombreux, nous sont vraiment trop peu connus pour qu'on se hasarde à jeter un regard dans les mystères de leur organisation. Même embarras à l'égard de la transmission de la mortalité. M. Götte dit que la mort naturelle est héréditaire. C'est comme si, parce que les parents seraient morts de faim à un certain âge, les enfants devaient aussi mourir de faim au même âge. Non! il faut bien admettre que la caducité des cellules somatiques est une convenance.

« Cette caducité fut, dans le début, peu apparente. Mais à mesure que le nombre de ces cellules s'accrut, le cadavre devint de plus en plus considérable, au point qu'actuellement l'individu nous semble mourir tout entier. Au fond une partie de lui ne meurt pas ou ne meurt qu'accidentellement. C'est ainsi qu'il n'y a pas de mort sans cadavre.

« M. Weismann termine son opuscule en complétant en quelques pages les vues qu'il avait émises antérieurement sur la durée de la vie. Cette partie de son ouvrage se résume dans les deux propositions suivantes :

« La loi biogénétique ne s'applique qu'aux êtres pluricellulaires, et non aux êtres unicellulaires ; n'est germe proprement dit que ce qui est susceptible, non de simple croissance, mais de développement, c'est-à-dire ce qui ne possède pas encore la constitution de l'individu tout formé.

« La durée plus ou moins longue de la vie repose, comme la mort, sur une accommodation.

« L'auteur conclut en ces termes :

« La procréation n'est pas une résultante de la mort, « elle est une propriété primitive de la matière vivante, « comme la croissance dont elle procède; sans elle la vie ne « se conçoit pas comme capable de durée, non plus que sans « l'alimentation et l'échange de matière. Mais la vie est « quelque chose qui dure et non quelque chose de pério-

« diquement interrompu. Dès qu'elle a apparu dans les
« formes les plus rudimentaires, elle s'est maintenue sans
« interruption ; ces formes seules ont changé, et tous les
« individus de toutes les formes même les plus hautes, qui
« vivent aujourd'hui, sont issus par un enchaînement inin-
« terrompu de ces êtres inférieurs et primitifs. Il y a une
« complète continuité de la vie. »

« La brochure dont je viens de donner l'analyse est peu
volumineuse ; mais elle vaut maint gros ouvrage par l'importance du fond. M. Weismann n'est pas seulement un
savant, c'est aussi un penseur du premier ordre.

« Cependant là n'est pas l'unique motif qui m'a fait
entrer dans tant de détails. Donnant suite à mon article sur
La matière brute et la matière vivante [1], je me suis occupé du
problème de l'origine de la vie et de la mort. Je croyais
que personne ne l'avait abordé, et je terminai complètement mon travail sans subir aucune espèce d'influence.

« La brochure de M. Götte m'a révélé, entre autres
choses, l'existence du discours de M. Weismann, que j'ai pu
me procurer ; quelques jours après, me parvenait le second
opuscule du même auteur. Cependant j'ai cru ne devoir
absolument rien changer à mon étude, qui paraîtra telle
que je l'ai conçue et rédigée. Si j'agis ainsi, ce n'est pas
qu'un vain amour-propre m'inspire. Mais mon point de
départ et la manière dont je comprends et essaye d'expliquer
la vie et la mort, s'éloignent notablement des vues de
M. Weismann. D'un autre côté, des rencontres étaient inévitables. C'est pourquoi j'ai tenu à mettre préalablement
sous les yeux du lecteur le résumé des travaux de mes
devanciers. Il aura ainsi une première mesure pour juger
les miens. »

Voilà comme je m'exprimais. MM. Götte et Weismann
ont donc abordé directement le problème de la mort. Ils se
sont l'un et l'autre demandé pourquoi nous mourons. Moi

---

1. Voir *Revue philosophique*, octobre 1883.

— étais-je entraîné dans cette voie à mon insu par ma
conversation avec Schwann? — j'ai recherché pourquoi
nous ne continuons pas de vivre.

Sans doute, aucun phénomène, quel qu'il soit, ne
dure indéfiniment; les forces qui tendent à le maintenir
s'épuisent par leur effort même, et l'on peut ainsi dire de
toute existence qu'elle marche à la mort. Mais il ne s'agit
pas ici de cette mort qui, au fond, n'est qu'un simple changement, que la substitution du repos au mouvement, ou
du mouvement harmonisé, polarisé, vibratoire, aux mouvements contrariés, variés, étendus. La mort dont nous
voulons parler, est la mort opposée à la vie, la mort qui
guette tout individu qui naît et dont il devient infailliblement la proie, la mort qui tue à la fois et une âme et
un corps.

Or non seulement la vie s'entretient dans le monde,
elle paraît même s'y épanouir. Pourquoi donc faut-il qu'elle
se transmette d'individu à individu, pourquoi ne peut-elle
pas se perpétuer chez le même être?

La question, déjà embarrassante lorsqu'on la pose en
ces termes généraux, le devient encore davantage lorsque,
envisageant l'existence de l'individu, on la voit se partager
en une période de croissance et de force, et une période
de faiblesse et de dégénérescence. Pourquoi cet être, si
chétif d'aspect au moment de sa naissance, est-il appelé à
un si brillant avenir, et sait-il s'emparer de tout ce qui est
à sa portée pour accroître sa force; pourquoi, en retour,
lorsqu'il est plein de vigueur et que sa domination est bien
assise, se laisse-t-il assaillir, abattre et détruire par des
ennemis que jusqu'alors il a toujours vaincus? Ou encore,
pour me servir d'expressions qui soient moins figurées et
parlent plus clairement à l'intelligence, pourquoi les aliments qui l'ont fait grandir et se fortifier quand il était petit
et faible ne peuvent-ils, je ne dis pas persister à remplir
cette fonction, mais le maintenir au point où ils l'ont
amené?

Telle est la forme sous laquelle la question s'est posée devant mon esprit, et la réponse qu'y fait M. Weismann dans les lignes que j'ai soulignées plus haut ne serait pas de nature à me satisfaire.

D'une part, nous voyons les choses en mouvement tendre vers le repos, ou, comme je m'exprimerai dans la suite, l'instable viser à devenir stable; d'autre part, sous l'action du soleil et par l'intermédiaire de la chlorophylle des plantes, le stable redevenir instable, et de nouveau servir à l'entretien de la vie des êtres organisés. De sorte que la nature, prise dans son ensemble, nous présente le spectacle de la mort empiétant incessamment sur la vie; mais, étudiée dans le détail, elle nous offre la reconstitution ininterrompue du vivant au moyen du mort, reconstitution qui se fait chez et par le vivant lui-même. Car, en dernière analyse, le carbone enlevé à l'acide carbonique par la chlorophylle, est transformé par les animaux en leurs propres tissus. Pourquoi donc, lorsqu'ils ont pu accomplir ce miracle créateur, ne peuvent-ils pas accomplir un miracle moindre en apparence, à savoir la conservation en bon état de ces mêmes tissus?

Comme on le voit, le problème chez MM. Weismann et Götte est de nature métaphysique, et la solution qu'ils en donnent est plus ou moins téléologique. Je l'ai plutôt attaqué par son côté physiologique, en le rattachant à la physique et à la chimie générales. C'est principalement par la théorie de l'alimentation qu'il fallait, suivant moi, l'aborder.

J'ai tenu à dire ceci pour qu'on ne s'étonne pas de me voir insister si longuement sur la définition de l'aliment et sur son mode d'action dans l'organisme. Pendant tout le temps que j'ai médité sur la mort, j'ai bien souvent importuné mes amis, médecins et physiologistes — je leur en demande ici pardon — de mes éternelles demandes : Qu'est-ce qu'un aliment? peut-on concevoir un aliment parfait? Qu'est-ce qu'un excrément? un œuf est-il un excrément? la coquille du colimaçon est-elle un excrément? Car, tel était le point autour duquel tournait perpétuellement ma pensée. Cette poursuite incessante aura-t-elle été de quelque utilité pour la science? Je voudrais le croire, et je m'estimerais heureux si l'on voulait bien ranger cet opuscule à la suite de ceux de MM. Götte et Weismann qu'il a suivis sans en procéder, et si les émules de Schwann daignaient lui accorder quelques heures d'attention.

Un mot encore. A la théorie de l'alimentation, j'ai dû pour le but que je me proposais, rattacher étroitement une théorie de la génération et de l'hérédité, déjà présentée à l'état d'ébauche dans mon travail sur le *Sommeil et les Rêves* [1]. Le lecteur s'apercevra sans doute qu'elle a certains points de contact, pour ne pas dire davantage, avec celle du *plasma germinatif* de M. Weismann. Mais il voudra bien remarquer aussi, je l'espère, que mon étude a paru dans le courant de l'année 1884, tandis que celle de M. Weismann n'a été publiée que l'année suivante [2]. Je ne puis d'ailleurs que me sentir honoré d'une pareille coïncidence.

1. *Revue philosophique*, 1879 et 1880; publié en volume, Paris, F. Alcan, 1885.
2. *Die Continuität des Keimplasmats als Grundlage einer Theorie der Vererbung* (Iena, 1885).

Liége, avril 1857.

INTRODUCTION

What's done, cannot be undone.
(Shakespeare, *Macbeth*, V, 1.)

Depuis longtemps mon esprit est en possession des idées que je vais émettre. Elles sont dans des rapports de connexité étroite avec celles que j'ai sur la vie, tant universelle qu'individuelle, et sur ses principaux facteurs, le temps et la liberté. Déjà elles me guidaient lorsque, dans l'effervescence et la présomption de la jeunesse, je tentais une classification des sciences fondée sur l'élimination de plus en plus parfaite du premier de ces deux facteurs [1].

Dans ce laps de trente-cinq années, elles se sont naturellement modifiées, développées, transformées; mais le fond est resté. A plusieurs reprises, j'ai soutenu que l'état initial de l'univers doit avoir impliqué la conscience et la liberté [2]; que l'homogène ne peut engendrer que l'homogène, et, par suite, que les existences ont eu pour origine première l'hétérogénéité; que le ferment de l'hétérogénéité progressive est l'intelligence, et que de là le monde évolue vers la pensée [3]; que le terme de l'univers physique est l'équilibre absolu; celui de l'univers intellectuel, la pensée

1. Voir mes *Prolégomènes de la géométrie*, 1860, pp. 37 et suiv.
2. Voir ma *Psychologie comme science naturelle*.
3. Dans ma *Loi mathématique applicable à la théorie du transformisme* (*Revue scientifique* du 13 janvier 1877).

immobile régnant sur la matière absolument assujettie, et que ces deux termes sont également inaccessibles [1].

Les philosophes, — et j'en suis, — sont volontiers coureurs d'aventures. Ils aiment à contempler l'invisible, à toucher l'impalpable, à lier connaissance avec l'inconnu. Aussi se voient-ils traiter, non toujours sans raison, de songe-creux par ceux qui s'intitulent eux-mêmes les vrais savants. Mais on pourrait bien souvent, ce me semble, renvoyer à ceux-ci l'épithète, car ils ne se font pas faute de nous servir de temps à autre, étiquetées comme faits positifs, des rêveries transcendantes. Aux leurs, sur le sujet que j'ai choisi, je me hasarde à opposer les les miennes. Ils les accueilleront, je n'en doute pas, avec un haussement d'épaules, bien que, à pénétrer au fond des erreurs les plus manifestes, on y trouve toujours un peu de vérité. Les juges impartiaux du débat seront ces esprits qui, sans faire fi de l'expérience, osent, à l'occasion, *pénétrer par delà*, au risque de s'égarer à jamais ou de revenir désappointés et couverts de confusion.

Ayant à rechercher l'origine de cet acte par lequel les êtres animés sont rendus à la nature dite inanimée, j'ai dû au préalable m'enquérir du fondement de la différence que l'on fait entre la matière brute et la matière vivante. De là les deux chapitres de cette introduction.

Dans le premier, je ramène à un principe général, celui de la stabilisation de la matière, la cause de tous les changements dont l'univers est le théâtre.

Dans le second sont précisés les termes du problème spécial dont je poursuis la solution.

1. Dans mon travail sur le *Sommeil et les Rêves* (1885), et dans mes articles sur la *Liberté* (*Revue philosophique* 1882).

CHAPITRE PREMIER

LE PRINCIPE DE LA STABILISATION DE LA MATIÈRE

Les représentants de la science dite positive proclament ceci :

L'univers est un jeu d'atomes. Les atomes ont des propriétés inhérentes et constantes. Ce que nous appelons *force* et ce que nous appelons *matière* ne sont que des abstractions de notre esprit ; la force n'est pas séparable de la matière : la matière sans la force et la force sans la matière sont des néants. Les propriétés de la matière se ramènent à des attractions et à des répulsions. Ce que l'on nomme combinaison n'est que la satisfaction de certaines attractions. Les propriétés des combinaisons sont des résultantes nécessaires, bien qu'inexplicables, ou tout au moins inexpliquées, des propriétés des composants. La cristallisation est un commencement d'organisation. Des cristaux, les uns réfléchissent la lumière, d'autres la réfractent, d'autres la divisent ; des organismes, les uns se meuvent, d'autres sentent, d'autres pensent. Les êtres les plus compliqués sont des appareils de physique et de chimie. L'œil est une chambre obscure ; l'estomac, un alambic ; le cerveau, une pile. La matière, primitivement dispersée et sans vie, a engendré la vie, la sensibilité, la volonté, par une série de tâtonnements successifs. Et encore le terme tâtonnement, emprunté à Tyndall, qui lui-même en a peut-être pris

l'idée dans Lucrèce[1], est mal choisi. Car la matière est
soumise à des lois fatales. Un déterminisme inexorable
pèse sur toute chose. Tout ce qui a eu lieu ne pouvait pas
ne pas avoir lieu, et l'avenir de l'univers est écrit dans le
moindre de ses atomes. Ces atomes, mettez-les à la place
qu'ils occupaient au commencement des temps, et les destinées du monde se dérouleront dans le même ordre que
par le passé, et elles aboutiront inévitablement de nouveau
à l'état de choses actuel.

Voilà ce qu'affirme certaine science positive; et, intran-
sigeants à l'excès, beaucoup de ses adeptes n'admettent
pas que l'on discute ses oracles.

Mais, fille elle-même du doute et du désir de connaître,
ayant semé sur ses pas autant de ruines qu'elle a prétendu
élever d'édifices, elle ne doit pas s'offenser de voir ses
spéculations accueillies avec incrédulité. Car, remarquez-
le bien, ce sont là autant d'affirmations sans preuves. On
n'a pas encore isolé d'atomes; on ne sait ce que c'est qu'une
combinaison, personne n'a encore vu dans l'eau les
atomes de l'oxygène et de l'hydrogène; on ne sait pas
ce que c'est qu'un cristal, à plus forte raison ce que c'est
qu'un organisme, ni comment il peut vivre, sentir, penser,
vouloir. Personne n'a encore vu se faire et encore moins
n'a fait de l'albumine avec de l'eau, de l'azote, du carbone, du soufre, que sais-je? De quel droit proclamer la
constance et l'inhérence des propriétés de l'atome, et
tout ce qui s'ensuit?

Or, spéculation pour spéculation, m'autorisant de
l'exemple même donné par ces savants qui, à les en croire,
n'avancent rien sans être à même de le justifier, mais ne
sont rien moins que circonspects, je me hasarde à reconstruire l'univers sur un autre plan, en m'astreignant, autant,
sinon plus qu'eux, à me tenir aussi près que possible des

1. *De natura rerum*, livre V, vers 831 et suiv.

ésultats acquis par la science. Mes thèses peuvent se ésumer en quelques mots :

Les propriétés des atomes ne sont pas immuables;

Elles ne leur sont pas inhérentes, mais elles leur sont, partiellement au moins, venues du dehors;

La matière non vivante ne peut engendrer la vie ni, par conséquent, la sensibilité et la pensée; les organismes ne sont pas des combinaisons assimilables à celles de la matière brute;

L'univers n'est pas soumis à des lois fatales, et, s'il recommençait *ab ovo*, il n'est nullement dit qu'il repasserait par les mêmes phases, bien au contraire; les lois dites fatales sont les résidus d'actes primitivement libres; l'intelligence, sœur inséparable de la sensibilité et de la liberté, est le véritable démiurge.

Ces thèses sont tout juste le contre-pied de celles de la science positive. J'essayerai de les rendre plausibles.

Les trois premières feront l'objet des trois paragraphes qui suivent; la quatrième sera défendue en manière de conclusion, à la fin de cette étude.

I

LES PROPRIÉTÉS DES ATOMES NE SONT PAS IMMUABLES.

SOMMAIRE : Le principe *ex nihilo nihil* explique la composition et non l'évolution de l'univers. — Le principe de la fixation de la force. Le principe de la conservation de la matière n'implique pas la conservation de ses propriétés. La matière tend vers la stabilité; elle n'est donc plus ce qu'elle fut, et, avec le présent, on ne pourrait refaire le passé. — La matière immuable n'est conçue que comme un substratum, capable, suivant les circonstances, de manifester certaines propriétés et de passer par différents états sans perte ni addition de poids.

La science depuis longtemps s'appuie sur ce principe : Rien ne vient de rien; rien ne retourne à rien.

Si cet axiome, et son corollaire, le principe de la conservation de la force, nous font comprendre l'univers dans sa composition, ils ne l'expliquent nullement dans son évolution.

Quand on les entend comme on le fait d'ordinaire, l'univers, à quelque moment de la durée qu'on l'envisage, n'a rien perdu ni gagné. Il est aujourd'hui ce qu'il était hier, ce qu'il était il y a mille ans, il y a un million de siècles. Par conséquent, la forme sous laquelle nous le connaissons, il peut la revêtir encore, il l'a revêtue peut-être autrefois. Car, si pareille renaissance était déclarée impossible, — je ne dis pas improbable, — on déclarerait par là même que l'univers actuel a perdu des virtualités qu'il possédait jadis, et que, partant, il n'est pas resté égal à lui-même. Or si, dans la suite des temps, il lui arrive de prendre un de ses états passés, le déterminisme qui veut que l'antécédent soit toujours suivi du même conséquent, nous force à admettre que, depuis l'éternité, cet événement a dû se produire une infinité de fois; et, comme l'univers, à la fin de chaque révolution, se retrouve au même point, tout ce qui s'est fait pendant cette révolution a été tiré de rien.

De plus, après une demi-période de composition et d'organisation, les choses doivent passer par une autre demi-période de désorganisation et de décomposition; et les hommes, par exemple, se sont vu et se verront enlever tour à tour la science, la civilisation, la parole, l'intelligence, la figure, pour redevenir des brutes, puis s'émietter dans le chaos.

Dans une pareille conception, qu'est-ce que le temps? C'est une suite incohérente de tronçons de l'éternelle durée. Chaque tronçon se développe individuellement : il commence et finit dans l'intervalle de ces deux demi-périodes pendant lesquelles les atomes épuisent par deux fois une série de combinaisons possibles.

Il n'en peut être ainsi. Tout ce qui se fait a une cause et doit se tirer de quelque chose qui est détruit par cela même. Ce quelque chose ne peut être que la faculté de se transformer propre à la matière ou à la force. Ce qui est fait ne peut plus se défaire, en ce sens qu'il ne peut pas ne pas avoir été fait. Tout phénomène, si passager qu'on le suppose, laisse donc après lui de l'irrévocable. La force en se transformant perd une partie de sa transformabilité disponible. Tel est le principe, que j'ai émis le premier sous cette forme, de la *fixation* de la force[1].

Le principe de la conservation de la matière et de la force nous apprend dans quelles limites se font les changements universels ; le principe de la fixation de la force nous dit dans quel sens. Le premier n'exclut pas, le second exclut tout retour vers le passé. Le premier n'assigne aucun terme à la vie de l'univers ; en vertu du second il s'achemine sans relâche vers sa fin.

On le voit, ces deux principes sont parfaitement différents.

Voici, par exemple, une goutte d'eau renfermée dans un tube de verre. On la congèle, on la refond. Au point de vue du principe de la conservation de la force et de la matière, la goutte d'eau est restée la même : pour mille usages, ses propriétés n'ont point subi d'altération. Elle peut de nouveau dissoudre les substances solubles, donner de la vapeur, se décomposer en oxygène et hydrogène. Mais, considérée dans sa structure, il n'en est plus ainsi. Certes, les molécules n'ont pas matériellement changé, mais elles seront probablement disposées dans un autre ordre, qui résumera l'histoire de ses métamorphoses. Il est impossible de reformer la première goutte d'eau de manière à la rendre indiscernable. En supposant même qu'on parvienne à redisposer les molécules comme elles l'étaient auparavant, le travail consommé par cette opération laissera des traces indélébiles dans la matière ambiante, qui, à son tour, réagira nécessairement de proche en proche sur la goutte d'eau en affectant

1. Voir le *Sommeil et les Rêves*, pp. 119 et suiv.

sa constitution intime. Or un seul battement de l'aile d'un cousin ébranle l'univers à tout jamais ; à plus forte raison, l'entrée en activité des causes qui ont gelé la goutte et qui l'ont reliquéfiée.

Ces considérations ne sont pas purement théoriques. Il y a mille faits qui prouvent que les corps qualifiés de bruts sont susceptibles de garder des traces même visibles des états qu'ils ont autrefois revêtus. Qui pourra rendre son éclat au diamant brûlé et transformé en graphite ? son intégrité au silex brisé ? Qui refera du blanc d'œuf frais avec de l'albumine coagulée ? Il y a donc des degrés dans la facilité ou la résistance qu'offrent les corps à reprendre leur forme primitive.

Mais il y a plus. Pour remettre la matière ayant déjà servi, dans l'état qui la rendra propre au même service, il faut dépenser du travail. La glace n'est pas un dissolvant ; pour qu'elle le devienne, elle doit au préalable être fondue. Or la fusion de la glace consomme de la chaleur, ou, si l'on veut, de la force disponible, c'est-à-dire, un défaut d'équilibre. Tout changement est ainsi plus qu'un pur changement. Il contribue à conduire l'ensemble des choses vers un terme fatal. Tout changement particulier est accompagné d'un changement général qui se fait toujours dans le même sens. Se transformer et évoluer sont donc deux ordres de phénomènes différents qui ne vont pas l'un sans l'autre, mais qu'il faut avoir soin de distinguer. Évoluer, ce n'est pas épuiser la série des transformations possibles, c'est changer en suivant une certaine marche assujettie à de certaines lois. C'est ainsi qu'au jeu de dames, quoi qu'on fasse, on aboutit à la prise ou à l'immobilité des pions.

La matière tend donc vers la stabilité ; les attractions de toutes sortes visent à se satisfaire, les affinités combinent, les répulsions séparent ; et une combinaison ne se résout que si l'on offre à l'un ou à l'autre de ses éléments 'appât d'une combinaison plus attrayante, ou si on le modifie dans ses propriétés. Quelque voie que l'on choisisse, n transforme le mobile en fixe, le virtuel en acte, le possible en fait.

De tout ceci ressort une conséquence importante : c'est qu'avec les éléments actuels de l'univers il serait absolument impossible de reproduire un état quelconque du passé. Le passé peut se reconstituer partiellement, mais non totalement. Il peut se recréer à nouveau, mais non se reformer au moyen du présent. Et si nous particularisons cette conséquence générale, nous pouvons dire que de deux choses l'une : ou tous les corps, y compris l'eau, le carbone, l'oxygène, l'hydrogène, ne sont plus les mêmes aujourd'hui qu'hier, ou le maintien relatif des propriétés chez un certain nombre d'entre eux est compensé par une altération plus grande chez les autres.

Or si, avec ce qui existe aujourd'hui, il est impossible de refaire ce qui a disparu, qu'est-ce à dire, sinon que la matière actuelle n'est plus ce qu'elle était autrefois, qu'elle a perdu certaines propriétés qu'elle possédait jadis pour en prendre d'autres, en un mot qu'elle a évolué, c'est-à-dire qu'elle a développé et mis au jour ce qui était en elle à l'état de possible et d'enveloppement ?

Les éléments matériels n'ont donc pas des propriétés immuables.

Je prévois que cette conclusion va répugner profondément aux lecteurs nourris d'autres idées. Mais ils ne peuvent y échapper, et elle s'imposera de plus en plus à leur esprit, s'ils veulent bien poursuivre cette étude. L'homme vivait-il sur la terre il y a un million d'années, et aurait-il pu y vivre ? Les gigantesques iguanodons pourraient-ils l'habiter aujourd'hui ? Non ; et pourquoi ? Remontez de proche en proche, de la faune à la flore, de la flore au climat, et vous voilà tenu d'accepter que la matière sait faire aujourd'hui ce qu'elle ne savait pas faire à l'aurore des temps, ce qu'elle ne savait pas faire la veille — ces phrases mêmes que je viens de rédiger, les aurais-je écrites hier ? — Elle a donc subi de profondes modifications. Et d'où viennent ces modifications ? Du travail que les siècles ont incorporé en elle.

L'expérience, qui en toute chose doit être notre guide et notre soutien, nous fournit, à cet égard, des analogies précieuses. Elle nous montre à chaque instant la transformation des corps par l'effet de l'incorporation ou de la soustraction d'un certain travail. L'eau, suivant qu'on lui soustrait ou qu'on lui donne du calorique, ne devient-elle pas glace ou vapeur ? Que de différences dans les propriétés physiques de cette vulgaire substance sous ces trois états ! Qui ignore que le phosphore blanc et le phosphore rouge se comportent comme deux corps de nature et de propriétés absolument différentes ? On sait qu'on obtient celui-ci en chauffant celui-là sous pression à l'abri de l'air. D'où acquièrent-ils donc l'un et l'autre les qualités qui les distinguent, sinon de l'élaboration qu'on leur a fait subir, du travail qu'on incorpore à celui-là, qu'on soustrait à celui-ci, d'où résulte un changement de structure intérieure ? On dira tantôt la nature de ce changement.

Le diamant se change de même en graphite ou en charbon amorphe. Sous chacune de ces formes, il a un aspect et des marques propres.

Pourquoi maintenant croyons-nous que le phosphore blanc et le phosphore rouge sont un seul et même corps ? Pourquoi identifions-nous en quelque sorte, en dépit des apparences, l'eau, la glace et la vapeur ; le diamant, le graphite et le charbon ? Uniquement parce que l'expérience nous révèle qu'on peut les faire passer d'une forme à une autre sans perte ou addition de substance. Voilà, en effet, la seule propriété (ou presque la seule) qu'ils ont en commun. Si ce n'était que nous voyons s'opérer sous nos yeux, parfois aussi souvent que nous le voulons, la transformation de la glace en eau et en vapeur, du phosphore blanc en phosphore rouge, du diamant en graphite, nous croirions difficilement à sa possibilité. Mais il y a une chose que nous ne voyons pas et qui pourtant est essentielle : c'est le travail moléculaire qui se fait dans ces corps pendant la métamorphose, et qui se fixe dans le nouveau produit. Ce travail ne se traduit pas en poids, mais il fait de la matière ce qu'elle est.

Le nouveau produit n'a rien ou presque rien conservé des propriétés de l'ancien, si ce n'est, et encore pas toujours, la faculté de les reconquérir en reprenant la forme qu'il a quittée. Peut-on, après cela, accorder des propriétés immuables à la matière, fût-ce à celle des corps simples ? Cette immuabilité ne lui est-elle pas attribuée en vertu d'une vue spéculative, qui peut être utile et servir de guide dans les explications physiques, mais qui n'a pas plus de fondement réel que l'opinion contraire ? La matière dite immuable n'est que le substratum que nous voyons ou croyons capable de passer par des états différents sans perte ni addition de poids.

II

LES PROPRIÉTÉS DE LA MATIÈRE NE LUI SONT PAS TOUTES INHÉRENTES.

Sommaire : Ce que l'on appelle la nature immuable des corps n'est que l'aptitude à changer d'une certaine manière. L'immuable en soi est insaisissable. — Pour qu'une propriété se montre, il faut deux conditions : 1º le milieu ; l'affinité et la répulsion sont tout aussi bien des propriétés résultantes que des propriétés premières. — 2º La mise à point ; c'est en vertu d'un raisonnement que nous croyons à l'existence d'un substratum. Les propriétés observables des corps ne leur appartiennent pas entièrement en propre, mais leur sont attachées en partie par le travail de la communauté.

Le deuxième point, à savoir que les propriétés de la matière ne lui sont pas toutes indissolublement attachées, est pour ainsi dire déjà démontré. Il est clair que cer-

taines propriétés du phosphore, celles qui sont variables,
lui sont fournies d'autre part ; elles lui viennent de la manipulation à laquelle on le soumet. Sans doute, cette manipulation appliquée au soufre, par exemple, n'en ferait
pas du phosphore. Le fond de la substance travaillée a
donc une certaine nature propre qui la différencie des
autres substances.

Quelle est cette nature ? Il n'est pas possible de le dire ;
elle nous apparaît seulement comme une certaine aptitude
à changer d'une certaine façon. De sorte qu'il nous est
impossible d'atteindre l'immuable. Nous venons de le dire,
l'immuable est une conception, et non un objet de l'expérience. Il nous plaît de croire que l'oxygène de l'air est le
même que celui de l'eau, que celui de l'acide carbonique
ou de la potasse, que celui du sang ; mais, à ne consulter
que les faits, nous serions conduits à l'affirmation directement opposée. Une simple question : quand il est uni au
potassium, a-t-il encore de l'affinité pour l'hydrogène ?
Personne n'oserait répondre oui. Pourtant — notre éducation est ainsi faite — l'affinité pour l'hydrogène nous
paraît être une des marques caractéristiques de l'oxygène.
En réalité, il n'en est rien : l'oxygène de la potasse n'a
nulle envie de s'unir à l'hydrogène.

Une propriété déterminée d'un corps ne se montre qu'à
deux conditions, à savoir : qu'il soit placé dans un certain
milieu, et qu'il soit mis dans un certain état. Ainsi, pour
que l'oxygène manifeste son affinité pour l'hydrogène, il
faut une première condition : il ne doit pas avoir à sa portée
un corps pour lequel il ait plus d'affinité encore ; car,
sinon, il sortira même d'une combinaison avec l'hydrogène pour s'unir à ce corps. C'est ce que lui fait faire le
potassium.

Il suit de là que l'affinité et la répulsion sont au moins
autant des résultantes que des propriétés.

Arrêtons-nous un instant sur cette conséquence. Supposons qu'il existe quelque part un monde sans carbone. Les chimistes qui l'habitent y ont dressé la liste des corps simples, décrit leurs propriétés, leurs affinités et leurs répugnances, en vue d'expliquer toutes les réactions dont ils sont les témoins. Mais voilà que tout à coup, dans ce monde, le carbone fait son apparition. Quel bouleversement ! Toutes ou presque toutes les combinaisons se défont ; les corps qui s'affectionnaient le plus se repoussent, des unions séculaires se rompent, et des unions se cimentent qu'auparavant on n'aurait jamais pu prévoir.

Les répulsions manifestées dans ce monde fictif seraient donc, on peut l'avancer, un résultat de la présence du carbone.

Or, si les répulsions sont un résultat, pourquoi n'en dirait-on pas autant des affinités? on n'a qu'à faire la supposition inverse. Bien mieux : les phénomènes s'expliquent d'une manière plus rationnelle en partant des répulsions que des attractions. Il suffit de se représenter chaque corps spécifique comme tendant à envahir l'espace, et à chasser tout ce qui s'oppose à son expansion. Venant se heurter à chaque instant à des tendances semblables de la part des autres substances, il finit par accepter un *modus vivendi*, une espèce d'accord, en vertu duquel il s'associe avec les humeurs les moins incompatibles. L'eau se décomposerait en présence du potassium, parce que l'oxygène, mis dans l'alternative de cohabiter avec un ennemi, choisit celui qui lui est le moins désagréable.

Si cette manière de voir est plausible, les phénomènes d'attraction et de répulsion, les seuls qui frappent nos yeux et sur lesquels l'expérience a prise, ne caractériseraient pas les corps entre lesquels ils se manifestent, mais seraient une résultante générale de la communauté universelle. Si, dans l'atmosphère de ce globe que nous habitons, venait à être injectée en grande quantité une substance avide d'azote, que de changements peut-être ! Ne verrions-nous pas alors l'oxygène de l'air, cessant d'être tempéré, brûler animaux, plantes et roches, et la face entière de la terre changer promptement d'aspect?

Passons à un second ordre de considérations. On vient de voir d'où pourrait provenir l'affinité de l'oxygène pour l'hydrogène, affinité qui croîtra ou diminuera suivant que l'on retranchera ou que l'on ajoutera certains corps dans le milieu de leur cohabitation.

Il est, disons-nous, une seconde condition, tout aussi nécessaire que la première, pour que cette affinité se manifeste. Il faut que l'un et l'autre corps aient été mis dans un certain état. A la température ordinaire, l'oxygène peut rester indéfiniment en contact avec l'hydrogène sans s'unir à lui. C'est ainsi que, dans l'atmosphère, il vit côte à côte avec l'azote. Cette indifférence persiste tant qu'il n'est pas porté à la chaleur rouge. Il est comme cette nature qui n'avait horreur du vide que jusqu'à trente-deux pieds. Qu'est-ce que cela signifie, sinon que la chaleur a donné ou soustrait à l'oxygène une certaine propriété? Or si l'oxygène à moins de 500 degrés et l'oxygène à 500 degrés ont des propriétés différentes, font-ils un seul et même corps?

Nous avons dit tantôt pour quelles raisons on répond oui à cette question. Mais qui ne voit que l'on est tout aussi en droit de répondre non? Voici de l'oxygène et du mercure à la température ordinaire : ils ne s'attachent pas l'un à l'autre. Je chauffe le mercure, et il s'empare de l'oxygène: je chauffe davantage le composé résultant, et l'oxygène se dégage. Que conclure de là? N'est-ce pas que, chauffé, le mercure gagne pour l'oxygène une amitié qu'il ne ressentait pas auparavant et que, surchauffé, il redevient pour lui un ennemi ou tout au moins un indifférent? Le mercure métallique ne se prend à aimer l'oxygène qu'entre 300 et 600 degrés. Entre ces limites, peut-on dire qu'il est le même corps qu'en dehors de ces limites?

Suivant qu'on les chauffe ou qu'on les refroidit, qu'on

les expose à la lumière ou à l'obscurité, qu'on les comprime ou qu'on les dilate, qu'on les fluidifie ou qu'on les solidifie, qu'on les électrise positivement ou négativement, qu'on les divise ou qu'on les laisse en masse compacte, qu'on les soumet ou qu'on les soustrait à la présence de telle ou telle substance, les corps de la nature revêtent des propriétés diverses, le plus souvent opposées. Or les corps se distinguent à nos yeux par leurs propriétés et non par autre chose. C'est donc en vertu d'un raisonnement, et non de l'observation sensible, que nous croyons à la permanence d'un certain substratum susceptible de prendre différents aspects.

Tout bien considéré, — peut-on le méconnaître? — l'oxygène, tel qu'il est dans l'air atmosphérique, n'est pas le même que l'oxygène mis en contact avec le potassium, ou bien que l'oxygène chauffé et mis en présence de l'hydrogène ou du charbon. Ce sont là, on peut le dire, autant de corps différents. On ne songerait même jamais à les qualifier autrement, si l'expérience, comme on l'a dit plus haut, ne venait nous convaincre qu'on peut les transformer les uns dans les autres sans perte ni addition de matière.

Notre analyse ne doit pas s'arrêter là. Le mercure chauffé au contact de l'air s'empare de l'oxygène; mais l'oxyde de mercure refroidi n'abandonne pas son oxygène. La physique a expliqué ce double phénomène d'une manière satisfaisante. Le mercure, en s'échauffant, a absorbé de la chaleur, tandis qu'en s'oxydant il en a dégagé plus qu'il n'en a absorbé. Voilà pourquoi il faut lui rendre de la chaleur pour le remettre dans son état primitif. Par conséquent, le mercure métallique est le produit de la combinaison de sa substance avec une certaine quantité de travail potentiel, c'est-à-dire de travail non réalisé, mais réalisable. C'est ainsi que le marteau qu'on élève à une certaine hauteur absorbe une certaine quantité de travail, qu'il restitue quand il retombe.

Or le travail potentiel peut se transformer *de lui-mêm* en force vive qui se dégage, mais on ne peut joindre d nouveau à un corps du travail potentiel qu'à la conditio de transformer en force vive une autre quantité plus grand de travail potentiel. Je ne relève le marteau qu'en trans formant en force vive du travail potentiel, à savoir, l puissance que mes muscles renferment et qu'ils perden par là même. Les affinités et les attractions de toute natures sont du travail potentiel. La satisfaction des affi nités se fait aux dépens de ce travail. La somme du travai potentiel disponible va donc diminuant; l'univers se trans forme sans cesse, sa composition se modifie, et, si l'o peut dire de certains corps constituants qu'ils sont resté les mêmes (du moins dans les limites observables), c'es qu'en revanche d'autres ont subi des changements consi dérables. Nous déterminerons bientôt le caractère de ce changements.

Concluons : les propriétés *observables* des corps n leur appartiennent pas entièrement en propre, mais leur sont attachées en partie par le travail de la communauté. Ainsi le veut l'absolue solidarité qui relie entre elles toutes les existences.

III

LA MATIÈRE NON VIVANTE NE PEUT ENGENDRER LA VIE.

SOMMAIRE : Dans quel sens on peut dire que les combinaisons ont des propriétés qui ne se trouvent pas dans les composants. — Les pro priétés des tissus vivants ne se montrent que quand ils se décom posent.— Il n'y a de transformable que ce qui est instable. Tout est instable dans une certaine mesure. — On rapporte généralement à la nature brute les composés relativement stables, et à la nature vivante les composés relativement instables. — Le rôle de la chlorophylle des plantes. — La chimie inorganique, la chimie organique, la chimie biologique. — La chimie des laboratoires est la chimie des stables. Les états allotropiques des corps.

Nous venons de voir que les propriétés observables des corps sont tout au moins partiellement une résultante du ravail de la communauté. De là cette conséquence : si la ommunauté renferme des êtres vivants, les propriétés des orps sont, tout au moins partiellement, une création de a vie.

Proposition, à première vue, bien paradoxale. Tâchons le la rendre acceptable.

En réalité, on vient de le voir, ces corps que nous avons appelés carbone, oxygène, hydrogène, azote, que nous croyions doués de propriétés immuables et constantes, sont loin d'être tels. Ils sont comme ces marionnettes à métamorphoses dont la figure change avec le fil que l'on tire. Ils sont autres, par exemple, dans la nature dite brute et dans la nature vivante, — pour ne parler ici que des deux extrêmes.

Ce n'est pas l'oxygène et le carbone tels qu'ils sont dans l'acide carbonique; ce n'est pas l'azote et l'hydrogène de l'eau-forte, ou le phosphore et le soufre des acides phosphorique et sulfurique, qui animent et soutiennent la plante et l'animal. Allons même plus loin : l'oxygène et le carbone, l'hydrogène et l'azote, le phosphore et le soufre remplissent des fonctions différentes dans les différents organes des corps. Dans le cœur, par exemple, ils le font battre; dans l'estomac, ils dissolvent les aliments; dans le foie, ils sécrètent et forment la bile; dans les muscles, ils meuvent; dans les nerfs, ils sentent; dans le cerveau, ils pensent. Et quand nos poumons extraient l'oxygène de l'air atmosphérique pour l'introduire dans le sang, et que celui-ci le porte au cerveau sous l'impulsion du cœur, toutes les diverses combinaisons par lesquelles il passe n'ont d'autre effet que de le faire changer d'état et de lui donner ou de lui restituer des aptitudes qu'il n'avait pas ou qu'il n'avait plus.

On va me dire : Ce ne sont pas les éléments constituants qui sécrètent, qui meuvent, qui sentent, qui pensent; ce sont les agrégats ou les combinaisons mêmes, c'est-à-dire les glandes, les muscles, les nerfs, le cerveau. D'ailleurs, ce n'est pas l'oxygène ni l'hydrogène qui sont aqueux, c'est l'eau; ce n'est pas l'oxygène et l'azote qui attaquent les métaux, c'est l'acide nitrique; ce n'est pas l'oxygène qui est irrespirable, c'est l'acide carbonique.

Il y a ici une question de mots qui dissimule une question de choses. Si ce n'est ni l'oxygène ni l'hydrogène qui ont acquis des propriétés dissolvantes en s'unissant pour former de l'eau, à quoi ces propriétés sont-elles donc attachées? Le composé peut-il avoir des vertus qui ne se trouvent en aucune façon chez les composants? Pourquoi ne pourrais-je pas dire que l'oxygène devient irrespirable, quand il est uni d'une certaine façon au carbone? qu'il sait dissoudre certains sels, quand il s'est allié à l'hydrogène?

En un certain sens donc Feuerbach a eu raison d'affirmer que c'est le phosphore qui pense en nous; car, sans phosphore, il n'y a pas de cerveau humain, pas de pensée humaine. Il faut s'aveugler à plaisir pour nier pareille évidence.

J'accorde toutefois l'expression, et je ne vois pas un grave inconvénient à prétendre que les combinaisons jouissent de propriétés qui n'appartiennent pas aux composants. Mais, qu'on y fasse attention, cela n'est vrai que des combinaisons considérées dans leur fixité, telles que l'eau ou l'acide carbonique en tant que produits fixes. C'est par un véritable abus de langage que l'on dit de l'acide nitrique qu'il attaque le cuivre. Il ne mord le cuivre qu'en se détruisant lui-même. L'acide sulfurique versé sur du sel marin forme du sulfate de soude et met de l'acide chlorhydrique en liberté. Mais cette réaction est produite par une décomposition mutuelle, et il est peu exact de dire que le sel marin est décomposé par l'acide sulfurique.

Cet abus de langage conduit aux confusions les plus regrettables quand, regardant les composés vivants et sensibles comme des combinaisons, on fait de la vie et

le la sensibilité des résultantes de l'union de certains éléments. En effet, la substance musculaire et la substance
nerveuse sont essentiellement instables, ou, tout au moins,
enferment nécessairement des produits instables ; et le
mouvement ou la sensibilité sont tellement loin d'être des
propriétés de ces substances en tant qu'ayant une composition déterminée, qu'au contraire ils ne se manifestent que
lorsqu'elles se décomposent.

Toute réaction chimique et tout phénomène vital proviennent donc d'une décomposition suivie de compositions.
Ce qui est stable ne manifeste rien en tant que stable, et
ne possède que certaines virtualités. Si les êtres vivants ou
sensibles ou pensants sont constitués par du carbone, du
phosphore, de l'oxygène, de l'hydrogène et d'autres substances, c'est en tant que ces substances forment en eux des
combinaisons instables qui, en se défaisant, manifestent
la vie, la sensibilité et la pensée.

Or quel peut bien être matériellement le produit de la
résolution d'une combinaison instable?

On vient de le voir, toute transformation, dans quelque
sens qu'elle s'effectue, consomme du travail, c'est-à-dire
qu'elle se fait infailliblement aux dépens d'une certaine
quantité de la transformabilité disponible. Elle aboutit
donc toujours à remplacer du transformable par de l'intransformable, ou, si l'on veut, de l'instable par du stable.

Ces termes de transformable et d'intransformable,
d'instable et de stable sont pris évidemment dans un sens
relatif. Cela veut dire uniquement que, pour rendre à l'intransformable de la transformabilité, à du stable de l'instabilité, il faudra échanger une autre somme plus grande de
transformable ou d'instable contre de l'intransformable ou
du stable. C'est ainsi que, pour remonter un poids qui est
descendu, il faut faire descendre un poids plus lourd. Le
travail, en un mot, n'est autre chose qu'un rétablissement
partiel d'équilibre, et toute source de travail sera tarie,

du jour où l'équilibre universel sera atteint. On ne pourr
plus remonter aucun poids quand toutes les masses seron
au plus bas. Alors l'immobilité seule règnera silencieus
et morne.

Il n'y a donc de transformable que ce qui est instabl
en une certaine mesure. Si l'eau et l'acide carboniqu
étaient absolument indécomposables, tout l'oxygène, tou
l'hydrogène et tout le carbone de l'univers finiraient pa
être retirés de la circulation sous la forme libre que nou
leur connaissons aujourd'hui.

Et quand je dis libre, c'est encore dans un sens abusi
En réalité, les atomes ne sont libres qu'à l'état naissant
comme s'expriment les chimistes. Si l'oxygène ne s'uni
pas avec l'hydrogène ou le carbone à la température ordi
naire, c'est que ses atomes sont accrochés les uns au
autres avec une certaine force. La chaleur rompt les atta
ches, et c'est quand ces attaches sont rompues que l
combinaison peut avoir lieu. En d'autres termes, la consti
tution de l'oxygène atmosphérique est le résultat d'un
chute des atomes d'oxygène les uns sur les autres. Si o
les sépare en présence de l'hydrogène et du carbone, ils s
précipitent, pour ainsi dire, de plus haut sur ces corps, et
par conséquent, l'effort à faire pour les reporter à leu
point de départ doit être plus grand. Tel est le fonde
ment de l'axiome chimique : *Corpora non agunt nisi soluta*
Et puis, n'est-ce pas l'eau qui fait germer les plantes e
revivifie, en général, les organismes paralysés par l
sécheresse? Voilà pourquoi aussi les corps sous une form
compacte sont moins attaquables que sous une form
moins dense. Voilà enfin ce qui nous explique que les for
mes les plus stables sont aussi les plus denses.

Cela compris, on voit du même coup ce qu'est la nature
C'est une collection infinie de composés plus ou moin
stables. D'une manière générale, nous rapportons à l
nature brute les combinaisons relativement stables; à l

ature vivante, les composés essentiellement instables.

Mais l'exercice de la vie, de la sensibilité et de l'intelligence augmente sans cesse l'une des sommes au détriment de l'autre : toute sensation, toute pensée et toute volition sont accompagnées d'une précipitation d'instable à l'état stable. Je ne serais même pas éloigné de croire que le cerveau n'est, pour une grande partie de sa masse, autre chose qu'une accumulation de matière instable qui, dans le cours de la vie, reçoit son emploi [1]. De là cet affaiblissement des facultés intellectuelles et actives à partir d'un certain âge. Par là s'expliquent et la paralysie progressive, et la démence des vieillards, et la tendance de plus en plus marquée, même chez les esprits distingués, à repousser les idées nouvelles et à réserver leur estime uniquement pour le passé.

En thèse absolue, aucune combinaison ne se défait qu'en donnant naissance à d'autres combinaisons plus indéfectibles ou à une plus grande masse de produits similaires. Si nos hauts-fourneaux vont jusqu'à décomposer l'acide carbonique, c'est au prix de la formation d'une autre quantité énorme d'acide carbonique. La lumière électrique ne se crée qu'aux dépens de celle qui est renfermée dans le gaz et dans la houille. Détruire pour produire, tel est tout le secret de la chimie.

C'est là aussi tout le secret de la chlorophylle, c'est-à-dire de la substance verte des feuilles, qui fait sans peine ce que notre science n'a encore pu obtenir, qui sait rendre au carbone sa mobilité perdue, qui sait le refondre en un nouveau corps, le revivifier, en un mot, le remettre en état de servir de nouveau à l'exercice de la

---

1. On connaît ce fait curieux et significatif d'un ouvrier de carrière qui, bourrant une mine, fit éclater la poudre, eut la tête traversée d'un côté à l'autre par la tige de fer sur laquelle il frappait, perdit de cette manière une partie notable de sa substance cérébrale, et ne ressentit dans la suite aucune altération ni aucun affaiblissement dans ses facultés.

sensibilité et de la pensée. Et où la chlorophylle va-t-elle puiser ce pouvoir singulier ? Nous n'en savons rien ; nous savons seulement qu'elle utilise la lumière et la chaleur du soleil, c'est-à-dire les forces disponibles du plus puissant des laboratoires.

Qu'on n'aille donc pas s'imaginer que le charbon mis en liberté par la chlorophylle soit du diamant, du graphite ou du carbone amorphe. Pas le moins du monde. Au moment où il se dégage de l'oxygène avec lequel il était lié, il possède des propriétés que ces trois corps n'ont plus ; il est mobile, redevenu apte à entretenir la vie et la pensée, tandis que le diamant, le graphite, le carbone amorphe sont, sous cette forme et à la température ordinaire, réfractaires à toute combinaison vivante. Certes, nos fourneaux sauront leur rendre quelques propriétés, par exemple celle de se combiner à l'oxygène ; mais les conditions où nous opérons la combustion du carbone sont elles-mêmes antipathiques à la vie.

Ce que le chimiste appelle l'état naissant des corps constitue bel et bien un état spécial qui se caractérise par la mobilité, par la facilité à former toute espèce d'unions, par la fécondité.

Bien que la science ait aujourd'hui identifié, peut-on dire, la chimie inorganique et la chimie qu'on désignait naguère encore sous le nom d'organique, on aurait tort de croire que la chimie des corps organisés et vivants soit la même que celle de nos laboratoires.

Dans son travail intitulé *le Problème de la physiologie générale* [1]. Cl. Bernard, après avoir parlé de la chimie vivante, s'exprime ainsi :

« Dans l'ordre mécanique ou physique, les phénomènes de l'organisme vivant n'ont rien non plus qui les distingue

---

1. Voir la *Science expérimentale*, 2ᵉ édition, pp. 415 et suiv. (*Le Problème de la physiologie générale*), 15 décembre 1867.

des phénomènes mécaniques ou physiques généraux, si ce n'est les instruments qui les manifestent.

« Le muscle produit des phénomènes de mouvement, comme ceux des machines inertes.

« Les êtres vivants produisent de la chaleur qui ne diffère en rien de la chaleur engendrée dans les phénomènes minéraux.

« Les poissons électriques forment ou sécrètent de l'électricité qui ne diffère en rien de l'électricité d'une pile mécanique.

« Il n'y a donc en réalité qu'une physique, qu'une chimie et qu'une mécanique générales, dans lesquelles rentrent toutes les manifestations phénoménales de la nature, aussi bien celles des corps vivants que celles des corps bruts. Tous les phénomènes, en un mot, qui apparaissent dans un être vivant, retrouvent leurs lois en dehors de lui, de sorte qu'on pourrait dire que toutes les manifestations de la vie se composent de phénomènes empruntés, quant à leur nature, au monde cosmique extérieur, mais possèdent seulement une morphologie spéciale, en ce sens qu'ils sont manifestés sous des formes caractéristiques et à l'aide d'instruments physiologiques spéciaux. Sous le rapport physico-chimique, la vie n'est donc qu'une modalité des phénomènes généraux de la nature ; elle n'engendre rien, elle emprunte ses forces au monde extérieur et ne fait qu'en varier les manifestations de mille et mille manières. »

Ce passage, selon la manière dont on l'interprète, en dit moins et plus qu'il ne faut. Qu'est-ce que Claude Bernard entend par des phénomènes *généraux*? par cette physique, cette chimie, cette mécanique *générales*, dans lesquelles rentrent toutes les manifestations phénoménales de la nature? Qu'est-ce que cette vie qui n'est qu'une modalité des phénomènes *généraux* de la nature? S'il veut nous assurer que la vie est un phénomène naturel, et que les phénomènes chimiques et physiques manifestés par les corps vivants sont des phénomènes chimiques et physiques, rien n'est plus vrai ; c'est même trop vrai. Mais, s'il comprenait par phénomènes *généraux* de la nature les phénomènes qui se montrent dans nos piles, nos creusets et nos fourneaux, et si, pour lui, ces appareils ne différaient que matériellement des muscles, de l'estomac ou des poumons, rien ne serait plus faux.

Je suis loin de soutenir qu'il y a un abîme infranchissable entre les corps organisés et ceux qui ne le sont pas. Mais, au lieu d'assurer que « la vie n'est qu'une modalité des phénomènes généraux de la nature, qu'elle n'engendre rien, et qu'elle emprunte ses forces au monde extérieur », je regarde, au contraire, la chimie inorganique comme un cas particulier de la chimie vivante. Les corps vivants, en empruntant des éléments au monde extérieur, ne font que reprendre leur bien, leur produit.

C'est un simple renversement de termes, mais ce renversement est significatif. Du repos on ne tire pas le mouvement, ni de l'homogène l'hétérogène, ni de l'obscurité la lumière, ni de la mort la vie. C'est le mouvement qui finit par le repos, la variété qui aboutit à la simplicité, la lumière qui s'éteint, la vie qui meurt. Sans doute la vie sait rendre la vie à ce qui est mort. Mais le commerce de la mort avec la mort n'engendre pas la vie. Nous pouvons tuer l'albumine en la coagulant ; mais nous aurons beau ensuite la mélanger avec des cadavres comme elle, la diviser, la dissoudre, la filtrer, l'attaquer par nos acides et nos alcalis, rien n'y fera ; nous tentons une œuvre impossible. Pourtant cette œuvre, un champignon, une monère sauront l'accomplir.

La chimie actuelle, la chimie des laboratoires est donc la chimie des stables, la chimie des corps amortis et paralysés, la chimie des résidus excrémentitiels des corps vivants.

L'exercice de toute action vitale produit de ces résidus.

C'est pourquoi, sans doute, tous ou presque tous incommodent, entravent ou détruisent la vie. Que de désordres dans l'organisme du moment que les tissus trop paresseux n'ont plus la force d'éliminer les produits des sécrétions! Nous voyons une injection d'acide lactique engourdir le muscle, sans doute parce que l'acide lactique est un produit de l'activité musculaire. L'acide carbonique nous asphyxie, parce qu'il est aussi le produit de la respiration. Et le sommeil lui-même n'aurait-il pas pour cause autant un dépôt en nous de substances narcotiques, nées de l'activité diurne, que l'épuisement des tissus? Raisonnant par analogie, ne pourrait-on pas croire que le vaccin, par exemple, s'oppose par sa fixité au développement du virus de la petite vérole? Enfin les microbes atténués et comme endormis de M. Pasteur, ne font peut-être qu'empêcher l'envahissement de la place par des microbes plus actifs. Si les maladies infectieuses se guérissent, n'est-ce pas avant tout parce que les germes morbides en se multipliant finissent par s'empoisonner eux-mêmes du produit de leurs sécrétions?

Cependant, dans ces résidus, il reste quelque chose de leur origine, et le chimiste lui-même, avec les faibles ressources dont il dispose, sait retrouver en eux des étincelles de vie; il sait leur rendre en partie leur mobilité, la possibilité de repasser de nouveau par une série d'états de plus en plus stables. Qu'est-ce, par exemple, que le phosphore rouge, sinon un phosphore plus stable que le phosphore blanc, plus rebelle à la combinaison, c'est-à-dire à quitter sa manière d'être pour en prendre une autre? Mais, si nous voulons le combiner avec des corps dont le phosphore blanc est avide, nous devons au préalable le retransformer en phosphore blanc, et cela nous savons encore le faire.

C'est à la même manière d'envisager les choses que mon collègue et ami W. Spring vient d'être conduit par l'expérience.

Depuis longtemps, il s'occupe de soumettre des corps en poussière à des pressions énormes pour déterminer jusqu'à quel point ils sont susceptibles de se souder en une masse compacte et unie. Du même coup, il leur a fait prendre des états allotropiques. Or il ressort de ses essais que tous les corps prennent sous pression la forme qui correspond toujours au maximum de densité. Ainsi l'arsenic amorphe devient toujours de l'arsenic métallique; le soufre amorphe, plastique ou prismatique passe toujours à l'état octaédrique.

Si l'on comprime des mélanges de corps différents, la combinaison se fait toujours, quand elle doit avoir une densité plus grande que celle du mélange; elle ne se fait jamais dans le cas contraire.

Or, si deux sels mélangés et sans action l'un sur l'autre sous la pression ordinaire se décomposent mutuellement et forment de nouveaux produits lorsqu'elle atteint une certaine hauteur, c'est qu'à cette hauteur les substances composantes prennent un autre état et d'autres propriétés, c'est que la pression modifie leurs affinités à la façon de la chaleur.

Le carbone amorphe n'a pas réagi, bien que mélangé avec des substances qui produiraient une combinaison plus dense. La conclusion saute aux yeux : dans ces combinaisons le carbone entre sous une forme moins dense qu'à l'état isolé. C'est ce que prouve d'ailleurs la chaleur spécifique du carbone combiné, qui est plus grande que celle du carbone isolé. Or la chaleur spécifique est en raison inverse de la densité.

De même, le phosphore rouge, plus dense que le phosphore blanc, ne se combine pas sous pression avec le soufre : ce qui montre encore que le phosphore, à l'état combiné, est un autre phosphore que le phosphore rouge.

On doit donc considérer le carbone isolé, le phosphore rouge, etc., comme des états particuliers d'une certaine matière, états dans lesquels la matière est, pour ainsi dire, combinée avec elle-même et a perdu une partie de ses propriétés.

Entre la chimie organique et la chimie inorganique, il y a une distinction de même ordre qu'entre la chimie organique et la chimie biologique. Le grand nombre des combinaisons organiques est dû à des états particuliers du carbone. Ces états sont encore plus nombreux dans la chimie biologique, tandis que, dans la chimie minérale, on a affaire à un carbone plus stable, plus stérile et donnant lieu à des combinaisons moins variées [1].

1. *Bulletin de l'Académie de Belgique*, avril 1883. A cette occasion, M. Spring a bien voulu citer mon nom et rappeler que je lui avais exposé les présentes idées avant qu'il y eût été amené lui-même. Voici les termes mêmes dont se sert M. Spring :

« Le carbone cristallisé ou même le carbone libre amorphe sont sans activité chimique à la température ordinaire; en d'autres termes, ils ne sont pas justiciables de la chimie sous cet état ; mais quand, par suite d'une élévation de la température, ils prennent un autre état, ils se transforment en un carbone nouveau, constituant vraiment un quatrième état allotropique et doué alors d'une prodigieuse capacité de combinaison. Cette légion de corps que l'étude des dérivés du carbone nous a fait connaître est un témoignage surprenant de la diversité infinie de combinaisons que le nouveau carbone peut former.

« Si ces conclusions sont fondées, on peut faire un pas de plus encore et se demander si le carbone qui entre dans la composition, non plus des corps organiques, mais bien des corps organisés, ne serait pas un carbone d'un autre état allotropique encore. Celui-ci pourrait être caractérisé par l'apparition de propriétés ou de formes de combinaisons nouvelles qui trouveraient leur expression dans les phénomènes vitaux.

« En d'autres termes, un dérivé du carbone, pour faire partie d'un corps organisé, devrait au préalable subir, dans ses atomes, une transformation semblable à celle qui permet au carbone amorphe d'entrer dans la composition des corps organiques. Dans cet ordre d'idées, le carbone de la chimie organique ne serait qu'une première forme amortie du carbone de la chimie biologique, comme le carbone élémentaire ne serait que le cadavre de la chimie organique.

« Les considérations précédentes, bien que découlant de certains faits, sont cependant d'ordre spéculatif. Je dois à la vérité de reconnaître que mon ami, M. Delbœuf, développant un jour devant moi sa théorie sur la fixation de la force, m'a énoncé la même idée à laquelle je suis revenu à la suite de mes expériences. »

CHAPITRE II

LA VIE ET LA MORT

Nous venons d'établir que les propriétés des atomes ne sont pas immuables; qu'elles ne leur sont pas toutes inhérentes, mais leur viennent, en partie du moins, de l'extérieur, ou, pour parler avec plus de précision, du travail de la communauté; que la matière dite brute est incapable d'engendrer la matière dite vivante, et, à plus forte raison — nous pouvons l'ajouter dès maintenant et nous y reviendrons plus tard, — la matière sensible, pensante et libre.

Mais, dans la réalité comme dans la pensée, la vie a pour corrélatif la mort. L'une ne s'explique pas sans l'autre, bien que nous nous figurions savoir mieux ce que c'est que vivre que nous ne savons ce que c'est qu'être mort. C'est pourquoi nous devons chercher tout d'abord à comprendre ce que la mort peut être.

Ce mot a deux sens; il en est de même par conséquent du mot de vie.

Il peut s'entendre du terme final de toute chose considérée dans son devenir : le mort est ce qui ne peut plus changer.

Il peut s'appliquer à l'individu, et il désigne alors le terme d'une existence phénoménale : le mort, c'est ce qui fut et n'est plus.

Ce sont ces deux sens que je vais m'attacher à distinguer.

I

LA MORT COMME TERME DU TRANSFORMABLE.

SOMMAIRE : La vie se précipite vers la mort, et néanmoins le mort est susceptible de redevenir vivant.—Il n'y a pas de mort absolue : entre la matière dite vivante et la matière dite morte, la différence est purement phénoménale. — Le mort, pour redevenir vivant, exige le sacrifice d'autre vies.

Prise dans le premier sens, la mort est quelque chose de purement relatif; au fond, rien n'aboutit à l'absolument intransformable.

Rien ne vient de rien, voilà ce qu'ont proclamé les penseurs de tous les temps. Cet axiome s'applique non pas uniquement à la matière que nous pesons dans nos balances, mais à la force et, en général, à toute espèce de propriété en dehors de celles qu'accompagne une augmentation ou une diminution de poids. Quand un barreau d'acier s'échauffe ou s'aimante, il nous plaît de croire que sa chaleur ou son aimantation lui vient de quelque part.

Or la vie, et j'ajoute la sensibilité et la pensée, me paraît être quelque chose au même titre que la chaleur et le magnétisme; c'est pourquoi je me refuse à la faire venir de rien, et incline à soutenir que les germes en sont déposés dans le berceau de l'univers. Cela veut dire qu'à mes yeux la vie et la conscience ne sont pas des phénomènes accidentels, les produits de combinaisons spéciales, surgissant à un certain moment pour disparaître de même, ayant pu ne pas se manifester aussi bien qu'ils se sont manifestés, mais qu'elles ont, comme la force, la même date de naissance que le reste de l'univers.

Mais, si rien ne vient de rien, rien non plus ne retourne à rien. Quand le barreau d'acier échauffé ou aimanté se refroidit ou se désaimante, je suis fondé à rechercher où

peut être allée sa chaleur ou son aimantation. Car je
conçois sans peine qu'elles se dissimulent ou se métamor-
phosent, mais non qu'elles s'évanouissent. En va-t-il ainsi
de la vie?

Or, nous le savons, tout travail, tout exercice de la force,
précipite l'instable à l'état de stable, transforme le potentiel
en réel, le possible en acte, et de l'avenir fait le passé. Le
jour où rien ne pourrait plus être fait, où rien ne serait
plus à réaliser, il n'y aurait plus de temps, l'univers serait
mort. Néanmoins, bien qu'immuable, il ne serait pas
immobile; la force qu'il contenait à sa naissance s'y retrou-
verait tout entière sous forme de mouvements moléculaires
parfaitement polarisés et équilibrés. Ce qui aurait disparu,
ce serait uniquement le défaut d'équilibre, la différence
entre les mouvements et, avec elle, la possibilité du changement et non le mouvement en lui-même. Mais nous
savons que l'immobilité finale est un terme inaccessible.

L'exercice de la vie, — ce mot étant pris dans son sens
le plus général, — précipite aussi l'instable en stable, le
vivant en mort. Et, si du mort, le vivant ne pouvait sortir,
si le mort différait essentiellement du vivant, s'il en était
la négation absolue, il y aurait, quand le vivant meurt, non
un changement, mais une destruction. Comme, d'autre
part, ce qui se détruit a dû être formé et ce qui finit a dû
commencer, — on en verra plus loin la démonstration,—
la vie serait le fait d'un créateur, ou bien sa continuité ne
serait assurée que par des créations journalières, des revi-
vifications miraculeuses de ce qui est mort.

L'une et l'autre conclusions sont logiquement inattaquables, mais la science les repousse. Je m'explique. Il n'y
a pas contradiction entre la science et la logique. Seulement quand la logique prétend imposer le miracle à notre
raison, dès cet instant nous reculons ou bien nous tombons dans le mysticisme. La science humaine, en effet,
n'accepte qu'à son corps défendant la création, puisque
son point de départ est la négation radicale de la création.

Quand elle y a recours, c'est faute d'une explication. Mais, même dans ce cas, elle renferme la puissance créatrice dans les limites les plus étroites possible pour ne pas se proclamer inutile, et elle ne lui rapporte, par exemple, que l'existence de la matière et de la force. En effet, avec la création, on peut tout expliquer; et, pour le sujet qui nous occupe, il suffirait d'avancer que tout ce qui vit a été créé mortel. Par là, toute difficulté se trouverait tranchée.

Il n'y a pas que les religions qui résolvent les questions par ces procédés sommaires. Il y a aussi une science qui adore le Dieu Hasard, qui voit dans la vie et la pensée le résultat d'une combinaison fortuite de la matière, et qui, au besoin, supprimera, à la manière d'Alexandre, des termes embarrassants, tels que la liberté, le doute et l'erreur. Or, avec le hasard, on se tire d'affaire aussi bien qu'avec le Créateur : c'est le hasard qui voudra que tout ce qui naît meure. Solution pour solution, la première est au fond plus scientifique, puisqu'elle met au moins dans la cause ce qui est dans les effets, et qu'elle fait surgir le vivant, le libre, l'intelligent, de ce qui est la vie, la liberté et l'intelligence absolues.

Malgré qu'on en ait, il faut un point d'appui, une hypothèse première; et la mission de la science est de rechercher uniquement la loi de l'évolution, c'est-à-dire de la transformation de la puissance en acte, du potentiel en réel. C'est pourquoi, si nous ne voulons pas nous enfoncer dans de ténébreux mystères ou nous payer de mots, si nous voulons rester sur la terre ferme de l'expérience, force nous est bien de ne pas faire de la mort absolue le terme réel de la vie.

La vie doit se concevoir comme une force transitive à la façon du mouvement, c'est-à-dire pouvant passer d'un corps à un autre, et, par suite, susceptible de se concentrer dans certains composés. C'est ainsi que le magnétisme d'un aimant se communique temporairement au fer doux, d'une manière permanente à l'acier, et que le fer doux et l'acier aimantés transmettent de même l'aimantation aux barreaux qui les touchent.

C'est par là que la matière peut revêtir un aspect plus ou moins vivant ou plus ou moins inerte. De même que l'eau s'alcoolise quand elle est combinée à un hydrocarbure, de même elle est vivante dans le protoplasme. Ainsi encore l'albumine se montre sous différents états, suivant qu'on l'examine dans les végétaux, dans les muscles ou dans le cerveau. En entrant dans la communauté, elle s'engage pour ainsi dire à en observer les statuts et en prend le signe distinctif.

Si cette manière d'entendre les choses est exacte, la vie et la mort, en tant qu'il s'agit de l'univers considéré dans ses transformations de toutes sortes, sont simplement des mots indiquant, non une opposition de nature, mais une opposition d'apparence seulement. Dans ce sens, ils éveillent l'idée d'une différence non essentielle, mais purement phénoménale.

C'est là d'ailleurs ce que j'ai déjà donné à entendre. Nous rapportons, ai-je dit, à la nature brute les combinaisons relativement stables et à la nature vivante les composés essentiellement instables pour lesquels le changement est une loi. Bien loin qu'entre eux il y ait un abîme infranchissable, il n'y a pas même une ligne de démarcation tranchée. Ce que nous considérons comme non vivant vit, mais d'une vie peu apparente, et voilà pourquoi il peut réengendrer le vivant. C'est ainsi que, dans ces derniers temps, on est parvenu à fabriquer de toutes pièces des substances qu'on regardait autrefois comme étant produites exclusivement par la nature vivante ; et nul ne saurait à présent limiter l'avenir réservé à la chimie synthétique.

Nous voyons d'ailleurs tous les jours non seulement la matière vivante passer à l'état de matière inerte, mais encore la matière inerte passer à l'état de matière vivante, bien plus, de matière sensible, consciente et libre, — quelque opinion que l'on professe d'ailleurs sur l'essence de la liberté. La chlorophylle des plantes et l'appareil digestif des animaux opèrent incessamment cette métamorphose.

N'oublions pas toutefois que cette transformation de l'inerte en vivant, du stable en instable, n'est possible qu'au prix d'une précipitation inverse et plus grande d'instable en stable. Avec de vrais cadavres, s'il y en avait, on ne pourrait jamais refaire de la vie. Mais du moment que des substances mises en contact manifestent une tendance à réagir et à entrer dans de nouvelles combinaisons, on peut, pour ainsi dire, rassembler ces puissances vitales pour en former des substances complexes toujours prêtes à se résoudre. Par une espèce de compensation, cette synthèse engendre une masse plus ou moins considérable de résidus plus fixes encore que les éléments d'où ils sont tirés. En somme, la chimie ne fait pas autre chose.

Il n'y a dès lors aucune difficulté théorique à comprendre comment la matière passe de l'état dit inerte à l'état dit vivant, et réciproquement; et l'on échappe ainsi à un dilemme inextricable.

En effet, en dehors de cette hypothèse, et la création étant exclue, de deux choses l'une : ou la matière vivante est éternelle, ou elle est un accident.

Si elle est éternelle et coexiste de toute éternité avec la matière organique, comment peut-elle mourir? Or elle meurt, et même nous savons, quand il nous plaît, la désorganiser. Elle finira donc par disparaître, elle qui n'a pas cessé d'être; et alors comment se fait-il que, affrontant depuis un temps infini toutes les chances de mort, elle n'ait pas encore disparu?

Si elle est un accident, un certain aspect de la matière inorganique, seule éternelle, pourquoi ne voyons-nous pas cet accident se produire sous nos yeux? Bien mieux, pourquoi la génération par bourgeonnement ou par copu-

lation a-t-elle pris la place de la génération spontanée, à
ce point que toutes nos observations et nos expériences
nous forcent d'adopter comme un axiome la loi : *Omne
vivum ex vivo?*

Pour nous donc, il n'y a pas de différence essentielle
entre l'organique et l'inorganique. Ils peuvent se transformer
l'un dans l'autre, bien que de lui-même l'inorganique ne
puisse reproduire l'organique. De même que le mouvement
peut se transformer directement en chaleur, mais la réciproque n'a pas lieu.

Comment le stable peut-il se retransformer en instable?
Tel sera l'objet de la première partie du présent travail.

II

LA MORT COMME DISSOLUTION DE L'INDIVIDU.

SOMMAIRE : La vie de l'individu. — En tant que se rapportant à l'individu, la vie et la mort désignent des états essentiellement différents et même opposés. — De la mort dérive la nécessité de la
génération et des naissances. Ce qui commence ne doit pas nécessairement finir, mais ce qui finit a nécessairement commencé.

Ce qui vient d'être dit concerne la vie universelle. Mais
à côté du problème général, qui cesse d'en être un si l'on
adopte nos prémisses, il se pose un problème particulier
qui offre des difficultés spéciales beaucoup plus grandes,
celui de la vie individuelle, c'est-à-dire de l'apparition et
de la disparition des individus. Que l'individu puise ses
propriétés dynamiques dans le milieu qu'il habite, qu'après
les avoir fait passer de la puissance à l'acte, il les rende à
ce milieu à l'état d'inertie, c'est dans l'ordre. Mais comment se constitue l'individu? comment subsiste-t-il? pourquoi se dissout-il? voilà des questions qui, pour être
anciennes, n'en sont pas moins obscures. Car, si pendant
un certain temps on croît, pourquoi ne croît-on pas toujours
et finit-on par décroître? Autrement dit, pourquoi la vie

s'étend-elle entre ces deux termes qui sont la naissance et la mort?

En parlant de la matière universelle, je puis dire à volonté qu'elle est vivante ou morte, suivant que j'envisage en elle soit le côté actif, soit le côté inerte. A ce point de vue, on peut dire du cadavre d'un animal qu'il continue à vivre, si l'on considère l'activité isolée des cellules qui le composent, ou même la décomposition de ces cellules mêmes. Mais ces généralités jettent peu de jour sur l'origine de la vie, dans le sens vulgaire du mot. Quand il s'agit de l'individu, en effet, le mot de vie prend un sens précis et il éveille en nous la double idée de naissance et de mort. La vie s'entend alors d'une activité spéciale par laquelle se fait et se maintient temporairement une certaine union, une certaine société entre des éléments combinés en vue d'un but commun. Quand une pareille union se forme, nous disons qu'un individu naît; quand elle se détruit, nous disons qu'il meurt.

Ici, mort et vivant sont termes opposés non pas relativement, mais radicalement. Tant que l'individu est vivant, il n'est pas mort; et, quand il est mort, c'est pour toujours. Ce sont là des vérités terriblement vulgaires et qui n'en sont pas plus faciles à comprendre.

Il y a donc à examiner pourquoi l'individu naît et pourquoi il meurt. En ces deux questions se résume le vrai problème de la vie. Au fond, elles n'en font qu'une, ou plutôt, ainsi que nous allons le voir, la dernière implique la première, en ce sens que l'idée de naître n'appelle pas fatalement celle de mourir, mais que la mort présuppose nécessairement une naissance.

Que l'univers, considéré comme vivant, passe d'un premier terme hypothétique, l'instabilité absolue, à un dernier terme hypothétique, l'équilibre absolu, et que la loi générale de son évolution soit la transformation incessante du potentiel en réel, de l'indépendant en dépendant, du particularisme en fédération, il n'y a rien là, ai-je déjà

dit, de bien difficile à saisir. Le terme final est une unité
absolue dont les moindres parties vibrent en conformité
avec le tout, où il n'y a plus aucune lutte, aucun choc,
aucun effort : c'est véritablement l'univers (*uni-versus*),
comme si les anciens qui ont créé ce mot avaient pressenti
les découvertes de la postérité.

Mais la difficulté est de comprendre le détail de la loi
d'évolution. Que voyons-nous en effet? Sur tous les points
de l'étendue, il se forme de petites unités en vertu de la
loi de la transformation du potentiel en réel; seulement
ces unités individuelles ont une existence bornée. Elles
commencent on ne sait pourquoi ni comment, puis grou-
pent autour d'elles des molécules matérielles qui, par cela
même qu'elles deviennent dépendantes, acquièrent des
propriétés spécifiques. Le composé va ainsi s'accroissant
par un procédé toujours le même. On croirait que cela ne
doive pas finir. Pas du tout. Il s'arrête dans cette voie ;
puis au travail de composition succède le travail de la
décomposition ; les molécules soumises ont l'air de se
révolter, de revendiquer une indépendance qu'elles
avaient pour un temps sacrifiée, et l'individu a cessé
d'être. Dans l'intervalle cependant, il a projeté hors de
lui non pas *un*, mais *des* embryons susceptibles de vivre
comme lui en repassant par les mêmes phases de la jeunesse et de la vieillesse. De sorte que, si l'espèce se dé-
veloppait sans obstacle, elle finirait par tout envahir et
tout absorber.

Or, de ces trois termes, naissance, génération et mort,
c'est le dernier qui explique la nécessité des deux autres.
Ainsi l'univers est né peut-être ; il vit certainement et n'engendre pas. Nous concevons encore l'espèce comme vivante,
sans que cette vie implique, dans notre pensée, sa disparition et son remplacement par une autre espèce issue d'elle.
Mais, étant admis que la vie est la loi universelle, et que le
vivant meurt individuellement, il faut bien qu'il y ait quel-

que part une puissance génératrice qui mette le vivant au monde.

On est trop tenté de diviser le temps en deux moitiés symétriques, et en quelque sorte équivalentes : le passé et l'avenir, séparées par le présent. On oublie que ces deux termes sont opposés et irréconciliables, l'un étant ce qui est, l'autre ce qui n'est pas [1], et qu'il n'y a entre eux aucun point de contact si ce n'est que l'avenir deviendra le passé, et que le passé fut autrefois l'avenir. Cette confusion fait que nous accordons à l'un à l'autre les mêmes attributs; et comme nous concevons qu'un état actuel puisse ne pas finir, bien qu'ayant commencé, nous nous imaginons qu'il pourrait de même finir, bien que n'ayant pas commencé.

L'analogie est fausse et il est facile de le faire voir. De ce qu'un état actuel a commencé et subsiste pendant quelque temps, il est légitime d'inférer qu'il peut durer encore ce même laps de temps; et plus l'expérience vérifie l'induction, plus celle-ci est fortifiée. Ce qui a traversé six mille ans sans altération peut en traverser six mille autres ; la durée observée est le garant de la durée prévue, à laquelle ainsi nous ne voyons aucune raison d'assigner un terme.

Or ce raisonnement, valable par rapport à l'avenir, ne l'est plus du tout quand on l'applique au passé. C'est le contraire. De ce que l'on voit une existence cesser on doit logiquement conclure qu'il y avait en elle un germe de mort. Je veux bien admettre qu'elle remonte à un an, à dix ans, à cent ans. Mon expérience prouve que l'on peut échapper pendant ce temps aux causes de destruction. Mais, à mesure que je recule son acte de naissance dans le

---

1. Dans le *Sommeil et les Rêves*, p. 250, je dis : « Pour le vulgaire, le temps passé est ce qui n'est plus. Erreur! c'est, au contraire, la réalité dans ce qu'elle a de plus concret, c'est l'indéfaisable. Le temps passé, c'est ce qui est; le reste n'est pas encore, car la réalisation de l'avenir est subordonnée en partie à l'action de la liberté. Le présent n'est pas gros du futur ; il est gros du passé ; il est la somme et, pour ainsi parler, la pétrification de tout le passé. »

passé, la catastrophe qui la frappe me paraît de plus en plus inconcevable; et, si je le reporte à l'infini, cette catastrophe apparaît comme une véritable impossibilité.

C'est donc par un enchaînement logique parfaitement naturel que de la durée présente on infère une durée future; c'est avec un effort de plus en plus marqué que, avant une destruction dont on est le témoin, on consent à admettre une existence regressive de plus en plus longue du système détruit[1].

En outre, l'existence de ce qui a un commencement est expérimentalement toujours limitée. Elle se maintiendra pendant un an, dix ans, mille ans, un milliard d'années; quelque grand que devienne son âge, elle est partie d'un terme et elle aboutit à un autre terme qu'on peut supposer plus reculé, sans doute, mais qui n'en est pas moins un terme. Pour me servir d'une image familière, le bâton va s'allongeant, mais il a toujours deux bouts.

Il en est tout autrement de la conception d'un être sans commencement, mais ayant une fin. C'est celle d'un bâton à un bout. Elle est illusoire. L'illusion provient de ce que l'on applique à une reconstruction une manière de raisonner qui n'est admissible que pour la construction. Voici ce que l'on fait. On part d'une quantité finie, puis on suppose qu'elle grandisse sans cesse. On se dit qu'elle deviendra infinie. Soit! A dire vrai, cependant, elle ne sera infinie qu'après un temps infini, c'est-à-dire jamais. Cependant passons. On a ainsi construit l'infini par créations successives et surajoutées.

---

1. Le raisonnement est déjà dans Lucrèce, et le poète le développe à plusieurs reprises. Dans un passage caractéristique du cinquième livre où, après avoir démontré que le Soleil, la Terre, les Eaux sont destinées à périr, il conclut en ces termes :

> Quare etiam nativa necessum est confiteare
> Hæc eadem : neque enim, mortali corpore quæ sunt,
> Ex infinito jam tempore adhuc potuissent
> Immensi validas ævi contemnere vires.
>
> *De natura rerum*, liv. V, 376 et suiv.

On se figure maintenant être en droit de faire la supposition inverse et d'attribuer à une série infinie de diminutions successives antérieures la grandeur limitée de la quantité que l'on considère; on s'ingénie à la reconstruire en remontant à ce que l'on convient d'appeler l'origine des temps, époque où elle a dû être infinie. Qui ne voit que, de part et d'autre, la pensée fait le même travail d'ajouter indéfiniment de nouvelles grandeurs à une grandeur déterminée, mais qu'elle s'illusionne sur la nature de son opération, quand elle nomme ceci construire l'avenir, cela reconstruire le passé; tandis qu'au fond elle se borne à changer les mots et non la chose? Ce qui a été infini n'a pu cesser de l'être à la suite de retranchements, si nombreux soient-ils, de quantités finies.

Par conséquent, naissance n'implique pas mort, mais mort suppose naissance.

On va me dire que l'univers est éternel et que rien en lui n'est éternel; que rien ne se crée ni ne se détruit, que tout se transforme et que, par conséquent, les apparitions et les disparitions peuvent se concilier avec l'existence sans commencement ni fin. Certes! Mais voyez! Ce que nous considérons comme éternel, c'est la matière et la force, je suppose, et précisément elles, en tant que, dans notre pensée, nous ne les soumettons pas au changement. Et quant aux phénomènes dont elles sont le support éternel et, à ce titre, immuable, et qui se succèdent sans relâche et toujours variés, ils ont, eux, dans notre pensée comme dans la réalité, une durée limitée. Bien mieux, nous ne concevons même pas qu'ils puissent s'arrêter un seul instant dans la voie des transformations. Comme à un certain instant ils doivent cesser d'être, ils se préparent dès leur apparition à disparaître et marchent d'un pas plus ou moins lent, mais infatigable et sans retour, vers leur évanouissement. S'ils s'avisaient de s'arrêter, ne fût-ce qu'un moment, à ce moment nous nous surprendrions à nous demander si, par hasard, ils ne seraient pas immortels.

On voit par là que, si c'est avec raison que l'on rapproche la naissance de la mort, on n'est pas en droit d'avancer que tout ce qui naît meurt; de là, que tout ce qui est engendré meurt, et partant que la procréation est un motif de mort, l'enfant remplaçant la mère.

Comme je viens de le dire, il n'y a aucune difficulté à se représenter comme perpétuel ce qui a commencé d'être. Pourquoi un produit devrait-il nécessairement se décomposer? Ne visons-nous pas, nous si chétifs, à créer des œuvres immortelles, monuments de l'art et monuments de la pensée? Ne nous flattons-nous pas d'y réussir?

Rien n'empêche qu'une créature soit immortelle, et la conscience humaine n'a jamais rejeté cette possibilité. Mais que le mortel puisse ne pas avoir été créé, voilà qui répugne à la raison. Il est en effet inconcevable que ce qui se détruit puisse avoir existé de tout temps; car on ne voit pas pourquoi il n'aurait pas été détruit auparavant.

La question doit donc se poser ainsi : Pourquoi l'individu est-il sujet à la mort? Je la traiterai dans la deuxième partie de cette étude.

L'ORIGINE DE LA VIE ET DE LA MORT

PREMIÈRE PARTIE

LA SOURCE DE LA VIE UNIVERSELLE

Que la vie s'entretienne dans l'univers, c'est un fait dont nous sommes témoins tous les jours. A côté du phénomène de la destruction du vivant se montre le phénomène inverse de sa reformation. Sans cesse nous voyons les animaux rejeter à l'état de matière morte les résidus de leur activité, et les plantes à leur tour transformer la matière brute en combinaisons vivantes. C'est par la nutrition, — ce mot étant pris dans son sens le plus général, — que s'accomplit ce double miracle. De là les trois chapitres suivants :

Dans le premier, j'exposerai d'une manière générale la formation de l'instable au moyen du stable, d'où, en particularisant, celle du vivant au moyen du mort.

Dans le second, je tâcherai de définir le caractère de l'aliment animal.

Dans le troisième, je m'occuperai de son mode d'action dans l'organisme.

CHAPITRE PREMIER

LA FORMATION DES INSTABLES

On l'a vu dans ce qui précède, il n'y a pas de différence essentielle entre l'inorganique et l'organique. Ils peuvent par conséquent se transformer l'un dans l'autre.

Je commencerai par donner la formule de cette transformation; puis je la montrerai dans son fonctionnement.

I

FORMULE CHIMIQUE DE LA TRANSFORMATION DU STABLE EN INSTABLE.

SOMMAIRE : L'instabilité détruite et l'instabilité restante. — L'instabilité restante peut se porter presque exclusivement sur l'un des produits de la réaction. Formation des explosibles.

De quoi s'agit-il, en somme? De faire la balance des résultats de la transformation de l'inorganique en organique. Elle est facile. On peut l'écrire comme on écrit une réaction chimique. Seulement c'est une réaction chimique d'une nature particulière.

Quelques mots à ce sujet ne seront pas déplacés pour les lecteurs à qui les principes de la chimie seraient peu familiers. Peut-être même les autres voudront-ils bien y voir une généralisation d'un nouveau genre digne de quelque attention. Que d'ailleurs ceux-ci comme ceux-là daignent consentir à me suivre dans cet exposé mêlé de discussions arides. Il est indispensable au but que je me propose d'atteindre.

Si l'on met en présence deux composés capables de réagir l'un sur l'autre, — représentons-les par AB et CD, — ils se décomposeront mutuellement et formeront deux nouveaux composés, AC et BD, par exemple. On peut donc écrire : '

$$AB + CD = AC + BD.$$

Cependant, ce n'est là qu'un semblant d'équation : le second membre n'est pas identique avec le premier. Le signe $=$ n'y a pas la même valeur qu'en arithmétique ou en algèbre : on ne pourrait intervertir les deux membres. Ce signe veut dire quelque chose comme *forme* ou *devient*. La formule exprime uniquement que la quantité de matière, que le poids, par conséquent, est égal de part et d'autre.

Mais il n'en est pas de même de la quantité dynamique. Dans le premier membre, il y a une puissance de réaction qu'on ne retrouve pas dans le second. La preuve, c'est qu'on ne pourrait pas écrire :

$$AC + BD = AB + CD.$$

En effet, les deux corps AC et BD sont incapables de réagir spontanément l'un sur l'autre et de reformer d'eux-mêmes les composés primitifs AB et CD. Il faut donc ajouter au second nombre un ou plusieurs termes pour le rendre identique au premier. Ces termes sont la chaleur, l'électricité, etc., qui se sont dégagées pendant la réaction. Ce sont là des quantités dynamiques, c'est-à-dire des puissances ou des forces. Pour la commodité de l'exposition, réduisons-les à un terme unique, la chaleur, sans vouloir toutefois insinuer par là que la force chaleur puisse produire directement les mêmes phénomènes que la lumière, l'électricité, le magnétisme, le choc ou le frottement.

Donc, pour reformer AB et CD au moyen do AC et de

BD, il faudrait rendre à ces derniers composés cette quantité de chaleur et même davantage. Car avec la quantité de chaleur strictement équivalente, on n'amènerait qu'un état d'indifférence, et non une tendance à une précipitation en sens inverse.

Qu'on me permette maintenant de modifier tant soit peu mon langage, et de m'exprimer comme suit : Dans AB et dans CD, il y a une certaine quantité d'instabilité, puisqu'ils sont capables de se décomposer mutuellement.

Cette quantité d'instabilité caractérise même comme telles les combinaisons AB et CD, de sorte que, en désignant par q et q' ces quantités, on pourrait représenter la combinaison AB par le symbole $A + B + q$, et la combinaison CD par le symbole $C + D + q'$.

De là il suit que, si nous posons $q + q' = I$, nous pourrons écrire :

$$AB + CD = A + B + C + D + I, \qquad (1)$$

équation identique dans laquelle I, signe de l'instabilité, exprimera la puissance de réaction des éléments A, B, C et D, lorsqu'ils sont sous la forme AB et CD, ou encore la somme des instabilités partielles qui sont dans AB et CD.

Nous aurions de même :

$$AC + BD = A + B + C + D + i, \qquad (2)$$

en représentant par $i = p + p'$ la puissance de réaction de AC et BD, qui est plus petite que I.

Dans la supposition que AC et BD seraient tout à fait incapables de réagir l'un sur l'autre, on aurait : $i = 0$. Mais nous savons que cette supposition est irréalisable. Il n'y a pas de composé indécomposable; il n'y a rien d'irrévocablement mort [1]. L'équilibre absolu est un terme vers

----

1. C'est pourquoi la prudence commande de ne pas céder à la tentation de voir dans les corps simples des composés désormais indécomposables.

lequel tend toute chose, sans jamais l'atteindre. Donc i peut être très petit, mais il n'est jamais nul.

En comparant les deux équations (1) et (2), il vient :

$$AB + CD = AC + BD + (I - i),$$

où $I - i$ peut s'approcher de 1 autant que l'on veut, sans jamais l'égaler. $I - i$ figure la quantité d'instabilité qu'on ne retrouve plus dans les produits plus fixes de la réaction.

Ai-je besoin de dire que l'on pourrait partir de l'idée de stabilité, et qu'on trouverait alors dans le second membre de l'équation, au lieu d'instabilité détruite, de la stabilité acquise? Mais au fond, c'est l'instabilité, le défaut d'équilibre qui est quelque chose, c'est-à-dire de la force potentielle, tandis que la stabilité n'est autre chose qu'une espèce de résidu d'où l'on ne peut plus rien faire sortir, pas plus qu'il n'y a rien à tirer de l'équilibre.

Les produits $AC + BD$, n'ayant plus qu'une instabilité $= i$, sont donc plus stables que le mélange $AB + CD$. Mais il peut se faire, — et la chimie minérale en citera des milliers d'exemples, — que cette quantité d'instabilité restante i se reporte en majeure partie sur l'un des deux produits de la réaction, de manière que celui-ci soit plus instable que n'importe lequel des deux corps AB et CD.

C'est ce qu'on peut formuler de la manière suivante. Nous avons :

$$AC + BD = (A + C + p) + (B + D + p'),$$

p étant la part d'instabilité qui reste dans AC, et p' celle qui reste dans BD. Comme $p + p' = i$, et sont tous deux nécessairement positifs, plus p est grand, plus p' est petit, et réciproquement.

Or qu'est-ce que $A + C + p$, par exemple? C'est une substance qui peut être plus instable qu'aucun des composés $AB = A + B + q$ et $CD = C + D + q'$ dont elle provient. C'est ce qui aura lieu si p est plus grand que q et q' séparément. Dans ce cas, cette instabilité est compensée par une plus grande stabilité de BD, puisque p ne peut grandir qu'aux dépens de p'. La somme d'instabilité du second membre est naturellement toujours inférieure à celle du premier, mais cette somme affecte presque exclusivement l'un des termes.

C'est ainsi que se forment, entre autres, beaucoup de substances explosibles. Quand, par exemple, on fait passer du chlore en excès dans une solution d'ammoniaque, il se forme une substance éminemment instable, le chlorure d'azote, et une substance assez stable, l'acide chlorydrique qui se jettera sur l'ammoniaque pour former un sel.

Comment cela se fait-il? L'ammoniaque, on le sait, est une combinaison d'azote et d'hydrogène. Or le chlore, sous certaines conditions, a plus d'affinité pour l'hydrogène que n'en a l'azote ou qu'il n'en a pour lui-même. Si donc on fait passer du chlore sur de l'ammoniaque il décompose l'ammoniaque en lui enlevant son hydrogène, et ainsi se forme, par précipitation, une substance plus stable que l'ammoniaque, à savoir l'acide chlorhydrique. Cette précipitation engendre de la chaleur. Mais une partie de cette chaleur, qui est du travail disponible, semble s'appliquer à son tour à former avec effort une union entre caractères pour ainsi dire incompatibles, l'union du chlore en excès avec l'azote devenu libre. Ainsi s'obtient le chlorure d'azote, substance extrêmement explosive, qui ne demande qu'à laisser échapper le travail renfermé en elle d'une façon cachée. De manière que deux substances relativement stables, l'ammoniaque et le chlore, ont formé une substance très instable, le chlorure d'azote, et, en compensation, une substance d'une grande stabilité relative, l'acide chlorhydrique.

Soit donc p l'instabilité de l'ammoniaque, Q celle du chlore, P celle du chlorure d'azote, q celle de l'acide chlorhydrique, et x l'instabilité détruite, c'est-à-dire qui a passé dans des échauffements et des ébranlements communiqués aux substances et aux appareils, et, en général, au milieu dans lequel on opère; soit m et m', n et n' les masses respectives de ces quatre substances, nous aurons l'équation :

$$m\,p + m'\,Q = n\,P + n'\,q + x.$$

Or, comme nous savons que P est plus grand que la plus grande des deux quantités p et Q, il faut bien que n soit petit; et, comme n' est d'autant plus grand que n est plus petit, il faut en outre que q soit moindre que la plus petite de ces deux mêmes quantités p et Q.

Dans le fait, en chimie minérale, on n'obtient jamais de substance instable par synthèse directe, mais toujours en passant par un phénomène de double décomposition accompagné d'une production de stable. Cette équation généralisée nous fournit la relation générale qui relie les quantités de stable et d'instable résultant de toute réaction. Elle nous montre qu'une certaine quantité d'instabilité disparaît toujours des substances réagissantes, et que de la stabilité apparaît dans les produits.

II

LA TRANSFORMATION DU MORT EN VIVANT.

Sommaire : Rôle de la chlorophylle et du Soleil. — Conséquence concernant l'évolution universelle qui marche fatalement de la vie à la mort.

On vient de voir comment s'accomplit la restitution de l'instable au moyen du stable. Toute substance, si stable qu'elle soit, renferme quand même une certaine part d'instabilité, et de sa réaction avec d'autres substances plus ou moins stables, il peut résulter d'un côté un produit plus instable que les ingrédients mis en présence, mais d'un autre côté, par un effet de balancement, des produits beaucoup plus stables. Cette réaction a pour point de départ la tendance de l'instable à se précipiter de lui-même vers la stabilité, tandis que l'inerte abandonné à lui-même ne reprend pas de la mobilité, pas plus qu'un corps ne quitte spontanément l'état de repos pour se mettre en mouvement.

Mais on sait, d'autre part, que les parties vertes des plantes et de certains animaux inférieurs, des espèces de vorticelles (d'après Engelman) se chargent de décomposer l'acide carbonique et de rendre au carbone et à l'oxygène leur liberté.

Y aurait-il là un nouveau mystère? Car l'acide carbonique est très stable, comparativement à l'oxygène et au carbone, puisqu'il se forme, sous certaines conditions, par leur union spontanée. La réaction qui se passe dans les plantes serait-elle en contradiction avec l'équation fondamentale qui exprime la relation quantitative nécessaire entre le stable et l'instable résultant d'une double décomposition? Est-ce que l'aliment des plantes serait l'inerte, et excréteraient-elles le vivant? Est-ce que, comme l'avaient cru et le croient encore certains utopistes, cet échange entre la nature inorganique et la nature organique pourrait être éternel? La nature réaliserait-elle ce que notre raison déclare irréalisable, la perpétuité, non pas seulement du mouvement dans l'espace, mais du mouvement dans sa forme la plus noble et la plus complexe, la vie? Et partant, ne serait-il pas possible que des êtres vivants, réunis en société, fussent de telle complexion que les excréments des uns servissent de nourriture aux autres et réciproquement?

Oui, sans doute, si la lumière et la chaleur étaient elles-mêmes inépuisables et éternelles. Mais d'où viennent-elles? à quelle cause sont-elles dues? Elles aussi proviennent d'une précipitation d'éléments chimiques les uns sur les autres; elles aussi ont besoin d'aliment pour continuer à faire jaillir leurs rayons. De sorte que les plantes, pour revivifier l'oxygène, ne consomment pas seulement de l'acide carbonique, mais encore de la lumière et de la chaleur, c'est-à-dire la force du Soleil. L'acide carbonique n'est donc pour elles un aliment qu'à la condition d'être imprégné de vibrations lumineuses et calorifiques, qui lui servent en quelque sorte de dissolvant, comme la salive aux graisses, et à l'albumine le suc gastrique et la bile [1].

Le Soleil est donc, en dernière analyse, un réservoir de vie pour notre planète et tout ce qui l'anime. Cette proposition est d'ailleurs aujourd'hui incontestable et presque banale. Que conclure de là, sinon que la matière doit y être au degré suprême d'instabilité? Cette instabilité se transmet par les vibrations éthérées à la chlorophylle, et par elle à l'anhydride carbonique qui la baigne. On peut dire, sans métaphore aucune, que la plante sait se nourrir de la substance solaire. C'est ainsi que l'équation est respectée.

Les animaux, en fin de compte, se nourrissent aussi de la force du Soleil. Mais tandis que les plantes l'absorbent directement et la boivent, pour ainsi dire, en nature, eux ne s'en emparent qu'après qu'elles l'ont élaborée. Les uns, comme les herbivores, la prennent sous la forme de la fécule, de la graisse et de l'albumine amassées principalement dans les graines des végétaux; les autres, les carnivores, ne peuvent l'utiliser que changée en chair, en sang et en os. A cet égard, notons cependant que les jeunes plantes, en tant qu'elles commencent par vivre aux dépens des aliments renfermés dans la graine, se conduisent en véritables animaux. Ce fait, signalé par Claude Bernard, entre autres, est remarquable à plus d'un titre, et propre à suggérer bien des réflexions. Il y a plus : abstraction faite de la fonction chlorophyllienne, la vie de la plante s'alimente comme la vie de l'animal [2].

1. On peut se demander si le diamant, sur l'origine organique duquel on est aujourd'hui assez d'accord, ne doit pas sa phosphorescence à un reste d'habitude.

2. C'est ce que met en évidence M. A. Gautier dans la brillante leçon inaugurale de son cours de chimie biologique, reproduite par

On comprend maintenant, du moins je l'espère, comment de déduction en déduction, sans quitter un seul instant le terrain scientifique, le penseur peut être amené à considérer les molécules de l'univers naissant comme étant éminemment mobiles et renfermant déjà nécessairement la vie avec tous ses caractères et toutes ses conséquences ; et pourquoi il peut affirmer que la matière actuelle ne ressemble pas à la matière primitive, puisque de celle-là on ne pourrait retirer toute celle-ci.

De là aussi cette conséquence inéluctable, c'est que l'univers a commencé par le vivant et non par l'inerte. Car la différence entre la matière vivante et la matière brute consiste essentiellement en ceci que d'elle-même la première se transforme en la seconde, mais que la réciproque n'a pas lieu. Par rapport l'une à l'autre, celle-là est ainsi nécessairement point de départ, celle-ci point d'aboutissement. Il n'y a pas entre elles une différence de nature, mais bien une différence de position dans le temps.

Le fait de la transformation du mort en vivant dans le phénomène de la nutrition n'a donc en soi rien de particulièrement obscur, quoique peut-être il se présente à l'esprit de maint lecteur comme une objection formidable à mes idées [1].

Je disais plus haut que, quand un barreau d'acier

la *Revue scientifique* du 11 décembre 1886. « Si l'on met de côté, dit-il, cette grande fonction propre aux parties vertes des plantes et qu'alimente l'énergie des rayons lumineux : la réduction des corps saturés d'oxygène et la production de matières chargées de potentiel chimique, on peut dire que l'évolution du végétal, c'est-à-dire la succession des phénomènes par lesquels s'accroît, s'entretient et se reproduit chacune de ses cellules, ne saurait être essentiellement distinguée de celle qui caractérise la vie animale. Les mécanismes et les résultats sont les mêmes dans les deux règnes à la mesure près. » Il faut lire toute cette leçon, ainsi que la polémique à laquelle elle a donné lieu entre son auteur, et MM. Ch. Richet, Herzen et Pouchet sur le travail psychique (18 décembre 1886, 1er et 17 janvier et 5 février 1887).

1. Voir, entre autres, le *Cosmos*, n° du 5 janvier 1884, p. 34, où la question m'est adressée par M. A. Matinée.

s'aimante, on est fondé à se demander d'où lui vient son aimantation. A plus forte raison, quand la matière stable, le carbone de l'acide carbonique, par exemple, finit par entrer de filière en filière, comme élément essentiel, dans un être qui pense, et que par la même elle devient pensante, rien de plus légitime que de chercher à pénétrer l'origine première de cette métamorphose. Nous avons maintenant une partie de la réponse à la question. Nous savons à quel prix se reconstitue l'instable, ou, si l'on veut, s'emmagasine de nouveau la force potentielle dans la matière.

Il y a malheureusement une chose encore que nous ne savons pas : c'est comment sont accrochés les atomes dans les instables, comment ce qui ne demande qu'à se séparer tient-il ensemble? Quel lien peut les unir? Ce lien semble doué de deux qualités opposées et contradictoires. Ne doit-il pas avoir beaucoup de force pour tenir enchaînés l'un à l'autre l'azote et le chlore? d'un autre côté combien il doit être faible, puisque le plus léger contact le déchire ou le brise?

C'est aux physiciens à résoudre cette question, et j'y reviendrai. Mais quelque explication qu'ils nous réservent, une chose est dès à présent certaine : tout corps vivant est composé d'instables que la sensation et le mouvement précipitent, en partie du moins, à l'état de stables. A son tour, la vie ne s'alimente que par le rétablissement dans l'organisme de ces mêmes instables. Le soin de cette restitution a été confié aux plantes; puis, chez les animaux, à certains appareils que, pour cette raison, par une analogie naturelle, quoique assez lointaine, on dit appartenir à la vie végétative.

C'est de la nutrition chez les animaux qu'il nous reste à nous occuper.

CHAPITRE II

LA NUTRITION

Dans la nature que l'on qualifie spécialement de vivante, le phénomène de la reconstitution des instables se nomme nutrition. C'est pourquoi on dit des plantes qu'elles se nourrissent d'acide carbonique. On peut donc appeler aliment toute matière susceptible de devenir vivante. Or, d'après ce qui précède, nous voyons que toute matière est susceptible de devenir vivante, et par conséquent d'être qualifiée d'aliment; et c'est, dans le fait, ce qui a lieu.

Nous allons désormais prendre ce mot dans un sens plus défini. Nous l'appliquerons à toute matière assimilable, c'est-à-dire ayant déjà la forme qui la rend apte à devenir un organisme déterminé. Dans ce sens, il se dit principalement de la nourriture des animaux. Mais, au fond, les germes des végétaux, et ceux-ci mêmes par leurs racines, se nourrissent comme de véritables animaux : ils n'utilisent la matière que si elle est préalablement revêtue d'une forme convenable.

A parler d'une manière générale, la nutrition a pour objet et pour résultat de transformer le mort en vivant, ou, si l'on aime mieux, le moins vivant en plus vivant, ou encore, le vivant d'une certaine manière en un vivant d'une autre manière. L'individu entretient pendant un temps plus ou moins long son individualité grâce aux aliments qu'il absorbe. Pourquoi, à un certain moment, cette ressource de vie lui devient-elle insuffisante et meurt-il?

Ce problème de l'origine de la mort tel qu'il s'est posé dans mon esprit, réclame un examen attentif du mode d'action de la nourriture. Si les détails qui vont suivre paraissent un peu trop techniques, on voudra bien toutefois ne pas les considérer comme un pur hors-d'œuvre.

Dans un premier paragraphe, nous tâcherons de nous faire une idée claire de l'aliment; dans un second, nous dirons un mot des déchets de l'alimentation.

I

DÉFINITION DE L'ALIMENT.

SOMMAIRE : L'aliment dans le sens vulgaire et dans le sens physiologique du mot. — La ration alimentaire de l'homme. — L'oxygène n'est-il pas un aliment? L'eau et les sels sont-ils des aliments? — Des aliments qui servent à la nourriture des rejetons. De ceux qui servent à la confection des valves, de la coquille, du test, du squelette. — L'aliment contient de l'énergie en puissance qui s'accumule en excès dans certains de ses produits, tandis que ses autres produits en sont relativement dépourvus.

Le mot *aliment* a été créé par le vulgaire, et, à ce titre, il s'est appliqué spécialement à la nourriture des animaux et surtout de ceux qui savent la rechercher, l'attirer ou la poursuivre. De là vient qu'il éveille tout d'abord l'image d'un appareil digestif, et qu'on a pu le définir « tout ce qui, introduit dans les voies digestives, sert à l'accroissement, à la réparation ou à l'entretien de l'organisme ».

L'observation nous ayant fait connaître des animaux qui n'ont pas d'appareil digestif et qui se nourrissent par simple imbibition, force a bien été d'élargir quelque peu la définition, en supprimant l'incidente. Mais d'un autre côté, il faut la restreindre. Il est des substances, en effet, qui ne sont pas des aliments et qui provoquent le développement de certains organes. Pour ce motif, il faut dire « tout ce qui sert à l'accroissement normal et à la réparation régulière de l'organisme ».

4.

Il ne faut pas pousser trop loin les exigences à l'endroit des définitions. La plupart du temps, elles ne peuvent être que des anticipations plus ou moins heureuses, ou de simples périphrases. Aussi bien ma critique a un autre but. Elle tend à mettre en évidence le caractère général de l'aliment.

La définition qui précède n'est pas celle des physiologistes. Il est vrai que chacun d'eux a, pour ainsi dire, la sienne. « Les aliments, dit Brücke [1], sont inorganiques ou organiques. Les premiers nous servent comme éléments constitutifs de notre corps pour en construire certaines parties, et aussi pour remplacer ces substances inorganiques qui sont continuellement expulsées du corps par les reins... Quant aux aliments organiques, comme nous les dépensons d'une part à bâtir notre corps, d'autre part, à engendrer, en les brûlant, mouvement et chaleur, on en a fait deux divisions : d'un côté, les albuminoïdes, ou aliments dans le sens étroit du mot, de l'autre, les aliments respiratoires, hydrates de carbone et graisses. Cette distinction n'est pas absolument rigoureuse, etc. »

Notons en passant que la deuxième phrase, prise à la lettre, ne présente pas un sens satisfaisant; on ne voit pas bien pourquoi il faut remplacer ce que le corps expulse. Il semble que c'est là lui rendre un mauvais service et l'astreindre à une besogne inutile.

Munk [2] dit ceci : « Par aliment, on entend une substance chimique nécessaire à la composition ou à l'entretien du corps. Les aliments sont : l'eau, les sels inorganiques, l'albumine, les hydrates de carbone et les graisses; plus spécialement : la viande, les œufs, le pain, etc. »

Steiner [3] s'exprime comme suit : « Les gaz dont l'organisme s'empare ne sont pas autres que ceux du sang. En outre l'organisme, notamment par le canal digestif, ingère

1. *Vorlesungen über Physiologie*, 1881, t. I, p. 223.
2. *Physiologie der Menschen und der Säugethiere*, 1881, p. 03.
3. *Grundriss der Physiologie*, 1883, p. 106.

des éléments liquides et solides desquels arrivent seuls dans le sang les aliments proprement dits et encore dans une mesure déterminée, tandis que le superflu et les parties inutiles sont rejetés du corps par les excréments. Les aliments sont l'albumine, les graisses, les hydrates de carbone, les sels, l'eau, etc. »

Toutes ces définitions, malgré leurs différences, reviennent au même. Elles ont toutes le tort de confondre deux sortes de fonctions essentiellement différentes, ainsi que je le montrerai plus loin, la formation des organes et leur mise en action. Mais je passe pour le moment sur ce défaut capital.

D'après elles, on peut fixer la ration alimentaire des animaux, non pas en nature, mais en composition chimique. Prenons l'homme comme spécimen.

On vous apprendra qu'un adulte perd chaque jour 2,000 à 3,000 grammes d'eau (urines, excréments, évaporation cutanée et respiratoire), 30 à 35 grammes de sels inorganiques (urines, excréments, sueurs, etc.,) près de 300 grammes de charbon (anhydride carbonique de l'air expiré, excréments, urée de l'urine, etc.), et près de 20 grammes d'azote (urée, acide urique de l'urine, etc.) [1].

Il faut couvrir ces pertes. Il faut rendre au corps l'eau, le carbone, les gaz et les sels qu'il a perdus. A cet effet, la ration alimentaire doit comprendre : 1º de l'eau (2 à 3 litres); 2º des sels inorganiques (30 à 35 grammes); 3º des matières albuminoïdes; 4º de la graisse ou des matières hydrocarbonées. L'expérience a prouvé de plus qu'il faut associer aux matières albuminoïdes des aliments non azotés; que l'organisme de l'homme et des animaux herbivores n'est pas capable de vivre avec de l'albumine à laquelle on n'ajoute ni graisse ni fécule; que, pour l'homme notamment, il est nécessaire d'adjoindre à deux

1. L. Frédericq et J.-P. Nuel. *Éléments de physiologie humaine, Digestion,* 1ʳᵉ partie, pp. 195 et suiv.

parties d'aliments azotés, sept à neuf parties d'aliments gras. L'on a en conséquence composé son menu rationnel à peu près comme suit : 130 à 137 grammes d'albumine ; 84 à 72 grammes de graisse ; 404 à 352 grammes de fécule, en compensant la petite quantité d'albumine en moins par de la graisse et de la fécule en plus. Ces deux dernières substances doivent être un peu plus abondantes, si l'homme travaille.

Ce menu, comme on devait s'y attendre, rend à l'organisme environ les 300 grammes de carbone, les 20 grammes d'azote, plus les 40 grammes d'hydrogène et les 200 grammes d'oxygène, qui en ont été éliminés dans les excréments et les sécrétions.

Ces résultats sont propres à nous inspirer diverses réflexions.

D'abord il n'est pas fait mention de l'oxygène de l'air atmosphérique. Un homme inspire par jour environ dix mètres cubes d'air atmosphérique, et des deux mètres cubes d'oxygène que cet air contient, les trois quarts sont exhalés sans altération, l'autre quart presque tout entier sous forme d'anhydride carbonique [1]. Ce demi-mètre cube d'oxygène est indispensable à la vie, pénètre dans tous les tissus et en sort sous forme d'une combinaison désormais impropre à la vie. En l'envisageant de ce point de vue, on pourrait dire qu'il est l'aliment par excellence. En tout cas, c'est un véritable aliment, et un aliment d'une importance considérable, puisque nous en consommons près de 750 grammes par jour.

Remarquons ensuite que les aliments, y compris l'oxygène, subissent dans le corps une altération, et que les pertes de l'organisme ne seraient pas compensées, parce

1. Je me sers indifféremment des expressions *acide carbonique* et *anhydride carbonique*. On appelle anhydrides les acides qui ne renferment pas les éléments de l'eau. L'acide carbonique CO^2 est un anhydride.

que l'on réintroduirait dans les appareils digestif et respiratoire les substances à l'état dans lequel elles en sortent. Pourquoi? parce que, sous cette forme, elles ne sont plus nutritives, ou, pour employer un autre mot, assimilables.

Une exception doit être faite néanmoins, et elle suggère une dernière réflexion. L'eau et les sels inorganiques sont éliminés en nature, et on pourrait les extraire sans peine de l'ensemble de nos sécrétions, tandis qu'on ne pourrait en retirer ni l'albumine, ni la fécule, — actuellement du moins, — et, dans tous les cas, sans un travail chimique considérable.

Concluons. Pour agir comme aliments, le carbone et l'azote, une partie de l'hydrogène et de l'oxygène doivent être introduits dans l'organisme sous une certaine forme qu'ils dépouillent avant d'en ressortir sous une autre forme.

Or, en tant que les molécules de l'eau et des sels organiques ne se fixent pas dans l'organisme pour le soutenir, comme le phosphore et la chaux dans les os, ou le silex et le carbone dans les tiges des graminées, dans le tronc et les branches des arbres, ou n'y subissent pas de décomposition pour entrer comme éléments dans la constitution d'un tissu vivant et destructible, ce ne sont pas, ce semble, des aliments proprement dits, mais, ou de simples véhicules, nécessaires sans aucun doute, — *corpora non agunt nisi soluta*, — ou des auxiliaires, indispensables aussi, ayant pour mission, par exemple, d'empêcher certaines fermentations. C'est ainsi que le sel conserve la viande.

Sinon, il faut regarder comme un aliment l'eau que, dans les pays de montagnes, un voyageur inexpérimenté absorbe en quantité excessive pour apaiser une soif que par là il rend inextinguible; l'eau qui ranime la plante ou le rotifère desséché, et l'eau qui permet aux jeûneurs de supporter plus facilement la faim [1]. Il faut donner le

1. Voir la *Revue scientifique* du 8 janvier 1887.

même nom aux cailloux que bon nombre d'oiseaux ava-
lent pour aider, dit-on, l'estomac à exercer ses fonctions
digestives; il faut assimiler au combustible l'huile qui
graisse les surfaces de glissement d'un engin mécanique,
et sans laquelle il ne marcherait pas.

Question de mots, dira-t-on. Certes on est libre, dans
une certaine mesure, d'élargir la signification d'un terme.
Mais alors on doit sans cesse se ressouvenir que, sous ce
terme, sont comprises des choses absolument différentes.
Pour éviter toute confusion, je préfère donc, pour l'usage
que j'en ferai dans ce travail, et sous réserve d'une distinction entre la fonction formatrice et la fonction motrice,
restreindre et étendre à la fois la signification du mot
aliment. Je l'appliquerai à tout ce qui, introduit dans
l'organisme, s'y compose et s'y décompose en vue de son
utilité. La suite confirmera la justesse de ce procédé [1].

1. Voici la lettre que m'a écrite, à ce sujet, M. Nuel, alors professeur
de physiologie à l'Université de Gand, aujourd'hui professeur à
l'Université de Liège, en réponse à des demandes que je lui avais
adressées. Je l'ai reçue quand tout ce qui précède était achevé.
Elle a levé toutes mes hésitations.

« J'ai songé à la définition du mot *aliment*. Le résultat est que je
n'arrive à aucune définition absolument satisfaisante. Ce mot a été
créé par le vulgaire, et, comme en bien d'autres cas analogues, il
se peut que la science finisse par modifier sensiblement l'idée qu'on
y a attachée primitivement.

« Le sens restreint attaché par le public au mot aliment, celui
auquel je serais porté à me rallier, revient à considérer comme tels
*les principes qui, après absorption, se transforment dans notre corps de
manière à mettre de l'énergie en liberté.*

« A ce point de vue, l'eau, les sels minéraux ne sont certainement
pas des aliments. Le bouillon et l'alcool non plus, en ce sens qu'ils
agissent surtout comme excitants du tube digestif et du système
nerveux, au même titre que le poivre, etc., et qu'ils sont recherchés
et mangés en vue de cette action. Les sels, bien qu'indispensables
à l'entretien de la vie, ne sont que des machines à l'aide desquelles
l'énergie des principes alimentaires est mise en liberté.

« Il me semble qu'à ce point de vue, bien que contrairement aux
idées qui ont présidé à la création du mot, l'oxygène doive être
considéré comme le premier aliment de tous.

. . . .

« On constate, chez certains physiologistes, la tendance à consi

Je ne suis pas au bout de mes scrupules. On nomme organisme, un ensemble d'organes fonctionnant en vue de cet ensemble. Au premier abord rien n'est plus clair que cette définition. Mais, comme on le sait, l'organisme est, après tout, le produit de la division d'une souche organique, et ce n'est pas instantanément que le nouvel individu jouit d'une vie indépendante. Depuis le moment où il arrive à l'existence, c'est-à-dire pour les animaux supérieurs, depuis le moment de la fécondation jusqu'à celui où il puise sa nourriture dans la nature extérieure, il croît et prospère aux dépens d'une nourriture que lui fournit la mère. Peut-on regarder comme étant des aliments pour celle-ci les substances assimilables qu'elle absorbe pour son nourrisson? Non, sans doute; ce sont les aliments du nourrisson. D'ailleurs, elles sont sécrétées, non à l'état de matières relativement inertes, mais à l'état d'aliments, et même d'aliments parfaits. Tels sont le lait, le miel, l'albumine des œufs, etc. Elles ne font donc que traverser l'organisme. Même, à parler exactement, elles y subissent une certaine élaboration, elles y deviennent plus digestibles, plus assimilables encore; de sorte qu'elles constituent la mère en perte.

Sans doute, la question se présente de savoir si l'enfant ne tire pas directement sa subsistance du corps de la mère, et si l'excès de la nourriture prise par celle-ci ne sert pas à compenser l'usure causée par celui-là. C'est affaire aux physiologistes d'examiner ce point de plus près. Mais, tout

dérer comme aliments tous les corps indispensables, ou seulement utiles à l'entretien de la vie, même s'ils traversent l'organisme sans se modifier chimiquement.

« Le fait est qu'il est aujourd'hui impossible de tracer une ligne de démarcation nette, d'une part, entre les principes utiles à l'organisme à la manière des sels et des excitants, et, d'autre part, entre les corps qui se transforment dans l'organisme de façon à mettre de l'énergie en liberté. L'alcool est pris pour ses propriétés excitantes; mais une partie s'en transforme à la manière des hydrocarbures. Dans le bouillon lui-même, il y a de la gélatine et d'autres corps qui se brûlent dans l'organisme. »

compte fait, la nourriture complémentaire sert à nourrir le rejeton et non la souche.

Il est bien certain aussi que l'on ne dira pas de la chaux que la poule avale pour en former la coquille de l'œuf, que c'est pour elle un aliment. D'ailleurs, — je le crois du moins et l'expérience, si elle est possible, serait curieuse à faire, — le coq n'a pas besoin d'autant de chaux que la poule, et une poularde, à cet égard, ne diffère pas d'un coq.

On portera le même jugement sur la craie, dont les femmes grosses ont assez fréquemment envie, si l'on accorde pour raison d'être accidentelle à cet instinct, la formation du futur squelette de l'enfant. En tout cas, si l'on supprimait la chaux des aliments des femmes enceintes, ou elles s'épuiseraient, ou bien elles ne mettraient au monde que des enfants mal venus et rachitiques.

Au contraire, nous regarderons comme un aliment la chaux absorbée directement par l'écrevisse pour former son test, par le colimaçon pour sa coquille, par l'huître pour ses valves, — et ajoutons-le dès maintenant, — par les vertébrés pour leur squelette.

Ceci nous suggère une nouvelle distinction. L'écrevisse, comme on sait, dans le cours de son existence, se dépouille fréquemment de son test devenu trop étroit et incommode. Le colimaçon et l'huître ne cessent d'agrandir leur demeure. Pour ces animaux, la chaux qu'ils mangent et transforment continuellement à leur usage, est donc un aliment. Quant aux vertébrés, ils doivent, pendant le temps de leur croissance, consommer une certaine quantité de phosphate de chaux pour édifier leur squelette. Mais, dans la supposition que ce squelette, comme l'hélice du colimaçon, n'eût pas besoin d'être renouvelé, pourrait-on dire, si leur alimentation restait la même, que le phosphore et la chaux seraient encore pour eux des aliments? Non évidemment, bien que ces corps pussent continuer, — par un reste d'habitude, — à être travaillés par l'organisme. Ce serait, dans cette supposition, un aliment dè luxe.

Nous voilà fixés maintenant sur les conditions requises pour qu'une substance reçoive le nom d'aliment. Il y en a deux : il faut qu'elle soit transformable et·que la transformation ait pour effet d'entretenir la vie de l'individu, en un mot, de satisfaire à ses besoins propres. L'oxygène est donc un aliment. Et quant à l'eau et aux sels inorganiques, ils ne sont aliments que s'ils entrent dans des combinaisons, ou en tant que leur action rend possibles des combinaisons et des transformations nécessaires qui ne se feraient pas sans eux.

Arrivé à ce point, il nous est possible de définir l'aliment dans son essence et c'est précisément à quoi nous en voulions venir. L'aliment est une substance qui, introduite dans l'organisme, se divise en deux parts : l'une plus instable, celle qui est assimilée; l'autre plus stable, dont une partie est déposée, par exemple dans les coquilles, les téguments, le squelette, etc., et dont l'autre partie est éliminée.

L'aliment, c'est de l'énergie en puissance; mais cette énergie est susceptible de se transporter presque tout entière sur certains produits de la réaction, de sorte que les autres produits en sont relativement presque dépourvus. C'est par là que la nutrition transforme le plus stable en moins stable, le mort en vivant. Cette définition de l'aliment qui est en harmonie avec les principes énoncés plus haut, va se fortifier et s'éclairer par la suite de notre étude.

II

LES DÉCHETS DE L'ALIMENTATION.

Sommaire : Il y a dans l'organisme vivant des parties moins vivantes ou non vivantes qui ne sont que des déchets utilisés.

Règle générale, l'énergie du soleil doit se présenter à chaque être vivant sous une forme assimilable. L'assimilabilité, si l'on peut employer ce mot, est donc une dernière condition pour qu'une substance, même instable, soit un aliment. Cette condition est spécifique, en ce sens qu'elle varie avec l'espèce. Ce qui convient à la plante ne convient pas au bœuf ni au tigre, à l'abeille ou à la sangsue. Certes, assimilabilité n'est qu'un mot, et les scolastiques auraient pu l'inventer — s'ils ne l'ont pas fait. Mais, ne l'oublions pas, c'est par la scolastique qu'a dû passer la pensée humaine pour devenir ce qu'elle est aujourd'hui.

L'assimilabilité se perd par le travail vital ; les excrétions et les excréments ne la possèdent plus — en théorie du moins — pour l'animal qui a digéré et pour tous ceux de son espèce. C'est au point que la plupart de ses sécrétions, réintroduites dans son organisme, lui seraient nuisibles. La présence de l'acide carbonique dans l'air est promptement mortelle ; une injection d'acide lactique dans le muscle le paralyse, parce que cet acide est un produit de l'activité musculaire.

Donc, au point de vue de leurs éléments, les déchets de l'activité vitale ne diffèrent pas de la nourriture dont ils émanent. Ils ne s'en distinguent qu'au point de vue de l'arrangement des molécules. La manifestation extérieure, et, pour ainsi dire, tangible de cette différence, est leur caractère inerte et par là nuisible.

Cela ne veut pas dire pourtant qu'ils soient désormais perdus, et qu'ils deviennent toujours inutiles à l'organisme qui les rejette. Et ici nous retombons dans un scrupule analogue à celui qui nous tourmentait tantôt à propos des aliments. La larve de la criocère du lis, ce joli insecte rouge, s'enveloppe de ses excréments qui, se desséchant sur sa peau nue, lui font une espèce de couverture et la protègent contre les rayons du soleil et peut-être aussi contre ses ennemis. C'est le cas, entre autres, pour les sécrétions dont, à la moindre alerte, certaines chenilles se recouvrent. Aussi, à certains égards, pourrait-on soutenir que la coquille du colimaçon est un excrément, ainsi que les poils et les cheveux, les cornes, les griffes et les ongles, ainsi que le test de l'écrevisse, les téguments des insectes, la carapace de la tortue — et j'ajouterai ainsi que notre squelette, s'il ne se renouvelle pas, comme je suis porté à le croire.

Nous pouvons en dire autant du bois des arbres, du chaume des céréales. N'est-ce pas là une espèce d'excrément dont ils s'accommodent pour se dresser, se raidir et résister à leurs ennemis, les vents et les tempêtes? Et voyez, la plante ne peut pas assimiler la cellulose pure, bien qu'elle en produise. Et nous, pouvons-nous réparer nos forces avec des os, avec des cheveux et des ongles, avec l'épiderme, avec des écailles, des coquilles, des fibres végétales?

Il y a donc dans le vivant des parties non vivantes, ou, si l'on aime mieux, moins vivantes. Elles ne diffèrent pas, pour les caractères, des matières évacuées et rejetées par lui, mais elles lui restent unies d'une manière plus ou moins intime en vue d'une utilité quelconque. Cette dernière circonstance n'en change pas absolument la nature, pas plus que notre fumier ne dépouille son caractère quand nous le faisons servir d'engrais pour nos légumes.

Cette longue et minutieuse discussion, quelque oiseuse qu'elle paraisse au premier abord, ne l'est pas : elle va me permettre de préciser l'idée que l'on doit se faire de la réparation vitale, dans le sens exact du terme. J'ai maintenant à rechercher comment, aux dépens de quoi et pourquoi l'albumine, la graisse, la fécule, qui ne sont cependant ni muscles, ni nerfs, ni glandes, ni membranes, peuvent former ou réparer des muscles, des nerfs, des glandes, des membranes.

CHAPITRE III

MODE D'ACTION DE LA NOURRITURE

Pour comprendre le mode d'action de la nourriture, il est nécessaire de se faire quelque idée générale de ce que c'est qu'un organisme. La définition que je vais donner de l'organisme sera incomplète à bien des égards. J'y ajouterai par la suite des compléments.

I

L'ORGANISME EN TANT QU'IL SE MAINTIENT PAR LA NOURRITURE.

SOMMAIRE : L'individu à l'état développé est une forme par où passe incessamment un flux de matière. Il s'use par le dedans et se répare par le dehors. — Difficultés : cette usure est la vie même; à côté des phénomènes chimiques, il y a des phénomènes psychiques sans lesquels la réparation n'aurait pas lieu.

Comment conçoit-on d'ordinaire un organisme? Comme une portion délimitée de matière vivante, ayant une forme déterminée tant interne qu'externe. Cette forme, dit-on, fait précisément l'individu. Quant à la matière, qui peut être celle-ci ou celle-là, elle se décompose sans cesse dans sa masse, sous l'action des forces extérieures; ou, si l'on veut fixer la pensée en la particularisant, elle vient continuellement se brûler au contact de l'oxygène. Une fois brûlée, elle ne fait plus partie de l'individu. Il est dès lors indispensable que le déchet soit remplacé, sans quoi l'être se réduirait bientôt à rien. C'est par l'assimilation des aliments que l'usure se répare. Dans cette forme entrent donc constamment des substances empruntées à l'extérieur, qui viennent combler les vides. De sorte que l'individu vivant est, comme je viens de le dire, une forme à travers laquelle passe indéfiniment un courant de matière. Dès son entrée dans l'organisme, la matière s'organise, et, à sa sortie, elle est de nouveau désorganisée.

Cette manière de concevoir l'organisme est grosse de difficultés. D'abord, elle ne s'applique aux plantes qu'avec effort. Ensuite, elle fait de l'individualité permanente une véritable énigme. Car deux formes absolument semblables constitueront toujours deux individus différents, dont la permanence subsisterait, encore même qu'ils échangeraient la matière dont ils sont composés — en supposant que cela fût possible. Quant à moi, je ne crois pas à ce flux général de la substance individuelle. Mais je remets l'examen critique de ce point à plus tard. Pour le moment, n'ayant à m'occuper que de la nutrition, cette définition me convient, moyennant quelques réserves préalables.

Il n'a pas manqué de physiologistes qui ont dit que la vie est une lutte continuelle contre les agents du dehors qui tendent à la détruire. Aujourd'hui encore, l'opinion dominante est que l'animal se compose — on est tenté d'ajouter : pour son malheur — de substances dont l'oxygène est avide ; d'où, pour lui, nécessité de réparer sans relâche une demeure qui s'écroule de toutes parts sans trêve ni répit. Il est comme un foyer dont les parois auraient été, avec une imprévoyance insigne, fabriquées de charbon, de sorte qu'il se consume lui-même, et que tous ses soins doivent tendre à reconstruire par le dehors un édifice qui se consume par le dedans. L'oxygène est un ennemi ravisseur qui pénètre en troupe à chaque instant dans la place et s'en revient chaque fois chargé de butin. Sur quatre pillards, il y en a toujours un qui réussit à enlever une proie c'est-à-dire une molécule de charbon. L'organisme, lui, souffre naturellement de ces déprédations incessantes dont il est la victime et, pour réparer les brèches faites à son avoir, il exerce à son tour le brigandage, et récupère de droite et de gauche par rapine ce qu'on lui enlève. Quant aux plantes, elles remplissent ici-bas le rôle de la justice, et font rendre gorge à l'auteur de tous ces méfaits.

C'est parce que l'oxygène se montre sous cet aspect redoutable que l'on se refuse à le regarder comme un aliment, puisque c'est lui au contraire qui est cause que l'on doit se nourrir. D'ailleurs, voyez ses allures. A peine entré en nous, il se hâte, en croupe sur les globules du sang, de fouiller toutes les pièces de la demeure, d'y prendre ce qu'il trouve à sa portée, et de se sauver par le même chemin qu'il est venu.

Tel est, fantaisie à part, le drame qui se joue, à chaque instant de leur existence, dans le corps des animaux.

D'un certain point de vue, c'est exact. A l'état adulte certainement, l'organisme animal ne peut susbsister sans se consumer, et encore y a-t-il bien des restrictions à faire. La léthargie, la catalepsie, l'hypnotisme, l'hystérie et surtout le sommeil étrange de certains fakirs indiens, qui se prolongerait pendant des semaines et des mois en arrêtant presque tous les mouvements vitaux, tous ces phénomènes prouvent que l'homme lui-même, cette machine si compliquée et si délicate, peut suspendre sa vie et la reprendre, en passant par un état analogue au sommeil des animaux hibernants, ou à l'enkystement des animalcules inférieurs. Mais ce pouvoir a des limites. L'homme aurait beau se condamner au repos le plus absolu, éviter toutes les causes de destruction, il se désagrégerait malgré lui, si peu que ce fût, comme le fer qui se rouille, la pierre qui se ronge, le glacier qui se fond, la roche qui s'effrite.

Mais voici les inexactitudes. D'abord cette usure même

est nécessaire à la vie. Si vous essayez de soustraire absolument l'organisme à ces mêmes agents qu'on dit le détruire, vous le tuez. Sans oxygène, rien ou presque rien
(puisqu'il existe des anaérobies) ne peut vivre, ni plantes,
ni infusoires, ni ferments. La combustion non seulement
fait aller la machine, mais, de plus, cette machine ne se
conserve qu'à la condition de marcher sans jamais s'arrêter
un seul instant.

Ensuite il y a dans les phénomènes vitaux de la nutrition, outre l'aspect chimique, un aspect psychique que les
physiologistes sont trop portés à négliger. Est-ce que
la lampe qui se consume va chercher elle-même l'huile
qui doit l'alimenter? La locomotive réclamera-t-elle du
charbon et de l'eau, lorsque sa chaudière est vide et
son foyer éteint? La lutte chez le corps vivant suppose
donc un besoin, puis la sensation de ce besoin, en d'autres termes un désir, enfin la possibilité de satisfaire ce
désir, c'est-à-dire la volonté et la puissance. A ces conditions seulement, on peut s'expliquer l'échange incessant entre l'organisme et l'extérieur, la transformation du
mort en vivant. A côté du phénomène physique de la
destruction, il y a donc — il ne faut pas l'oublier — des
phénomènes psychiques de sensibilité et de motilité qui
résultent de cette destruction même et qui en sont la compensation.

Enfin cette conception de l'organisme ne s'applique
qu'à l'adulte. Or, comme on le sait, avant la période de
complet épanouissement, il y en a deux autres. Il y a d'a-
bord la période embryonnaire, qui, pour un grand nombre d'espèces, sinon pour toutes, peut se prolonger, pour
ainsi dire, indéfiniment — on a fait germer des graines re-
cueillies dans les tombeaux des Pharaons. Vient ensuite
la période de croissance, pendant laquelle le germe emmagasine en lui de la matière, parce qu'il en absorbe plus
qu'il n'en rejette. Quant à l'âge adulte, c'est à peine s'il
dure. Car immédiatement, on peut le dire, après la croiss-

sance, dans beaucoup d'espèces (chez les insectes notamment) survient la mort ou, tout au moins, le déclin.

Bornons là nos restrictions et cherchons à nous rendre un compte exact de l'échange incessant qui se fait entre l'individu adulte et le monde extérieur.

II

LA RÉPARATION DES ORGANES USÉS.

SOMMAIRE : La réfection d'un filament moteur ayant travaillé. — La saturation. — L'énergie de la nourriture passe dans le filament à réparer; d'où un résidu excrémentitiel.

Simplifions. Réduisons tous les phénomènes vitaux au mouvement spontané. Au surplus, dans les êtres les plus rudimentaires, c'est par le mouvement seul que nous devinons la vie. Détachons par la pensée chez l'animal que nous considérons, un filament motile, musculaire si l'on veut, c'est-à-dire doué de la faculté de se contracter quand on l'excite.

Tant qu'il n'est pas excité, le filament conserve, au moins pendant quelque temps, sa propriété ; mais dès qu'il a dû se contracter, il l'a en partie perdue. La contraction opérée lui a enlevé de sa capacité à se contracter, et a, par conséquent, altéré sa substance. Pour rendre l'exposition plus claire, admettons que l'on ait fait faire en une fois au filament tout le travail dont il est capable, de sorte qu'on ne puisse plus en tirer de nouvelle contraction ; et raisonnons.

Comment ce travail a-t-il pu se faire? Évidemment, avant d'être excités, les éléments de la fibre étaient, comme on dit, à l'état de tension. On peut aisément se figurer la chose. Soient deux éléments ou molécules consécutives a et b. Imaginez qu'elles sont attachées aux extrémités d'un petit ressort à boudin ouvert qui cherche à les rapprocher,

et qu'elles sont maintenues dans cette position forcée parce
que a est allié à une autre molécule fixe A, et b à une
molécule B. De plus, entre a et A, de même qu'entre b et B,
il y a un autre petit ressort, celui-ci comprimé, qui ne demande qu'à s'ouvrir et à séparer a de A, et b de B. Les
couples a A et b B représentent donc deux composés instables. Ainsi dans les ceps à moineaux, le ressort qui doit
rapprocher les bras est réduit momentanément à l'impuis-
sance par un léger arrêt contre lequel il bute; et dans certains pièges à souris, un mince fil retient dans une position
forcée un anneau qui se relève brusquement si le fil est
coupé.

Les molécules a et b étant attachées comme il vient
d'être dit, l'excitation, venue du dehors, rompt leurs attaches; elles quittent A et B pour se précipiter l'une sur
l'autre, et la contraction est le phénomène visible produit
par la détente et la chute. Ce même phénomène se reproduit tout le long de la fibrille.

Dans cet état de détente, celle-ci ne peut plus fonctionner. Pour rendre à l'organisme cette fibre perdue, de
trois choses l'une : ou il faut que a soit rattaché à A et b
à B; ou qu'un nouvel a et un nouveau b soient recréés
en A et en B, les anciens étant éliminés; ou enfin que A
et B s'en aillent, et qu'on mette à leur place deux molécules capables de repêcher a et b. D'une manière comme
de l'autre, la réparation revient, au fond, à reformer une
fibrille.

C'est l'affaire de la nourriture. Raisonnons uniquement
sur le cas où sa mission consisterait simplement à raccommoder la fibre. Il lui faut pour cela dissocier les éléments a
et b actuellement rapprochés, et les rattacher en A et B.
La chaleur qu'elle renferme suffit à produire ce double
phénomène. Cette chaleur séparera a de b et de plus éta-
blira une union entre a et A ainsi qu'entre b et B. Cette
séparation et cette union s'opèrent parce que a et b, ainsi
que A et B, sont mis dans un certain état, disons allotro-

pique, par la présence de la nourriture (incorporée au sang chez les animaux supérieurs), et elles se maintiennent par le même moyen tant que l'excitation ne se fait pas sentir.

Les particules nutritives, en se portant près de *a* et de *b*, leur présenteront des attractions plus puissantes, qui seront la source de nouvelles précipitations en sens inverse, et la fibre se refera ainsi aux dépens des qualités dites nutritives de la nourriture. Celle-ci, au moment d'entrer en rapport avec la fibre morte, était, peut-on dire, à l'état non saturé; la saturation a eu lieu et la voilà à son tour frappée d'incapacité pour remplir le même office; elle n'a plus en elle rien d'attractif, rien de nutritif.

Comme je compte me servir souvent par la suite de ce mot de saturation, et que je le prends dans un sens quelque peu différent de celui qu'on lui donne en chimie, quelques mots d'explication ne seront pas superflus.

On sait qu'un atome de carbone, par exemple, présente quatre sommets attractifs. Si l'on accole à ces quatre sommets quatre atomes d'hydrogène ou de chlore, ces quatre attractions sont satisfaites, et la molécule résultante est saturée. Elle peut l'être aussi par deux atomes d'oxygène, parce que l'atome d'oxygène présente, lui, deux pôles attirants. Si une ou deux attractions du carbone restent non satisfaites, on dit de la molécule, composée, je suppose, d'un atome de carbone uni soit à trois ou à deux atomes d'hydrogène, soit à un atome d'oxygène, soit autrement encore, qu'elle n'est pas saturée, qu'il lui reste une certaine capacité attractive, une certaine faculté de saturation.

Cette notion, parfaitement claire, je l'étends, non sans la contaminer d'un peu de métaphore, à l'organisme ou à des portions considérables de l'organisme, c'est-à-dire que le terme de molécule, qui, en soi, signifie petite masse, reçoit sous ma plume un emploi abusif. Je me figure volontiers l'animal qui a faim ou soif, comme une grosse, très grosse molécule, dont certaines affinités ne sont pas satisfaites, et je dis de lui qu'il n'est pas saturé. Après cette parenthèse, je reviens à ma démonstration.

En résumé, de la combinaison de la fibre morte avec la substance alimentaire, sont sortis, d'un côté, une nouvelle fibre, d'un autre côté, des résidus plus ou moins inertes.

De quelque manière qu'on se représente le processus, qu'il y ait élimination de la fibre inutile et formation d'une nouvelle fibre tirée de la nourriture, ou qu'une partie de l'ancienne fibre entre dans la composition de la nouvelle, l'opération consiste essentiellement à diviser en deux portions une certaine quantité de matière : une portion capable d'une certaine somme d'activité, une portion dont l'activité est beaucoup moindre.

Or, qu'est-ce que cette portion active? c'est de la matière instable, c'est-à-dire renfermant en elle beaucoup d'affinités non satisfaites, un grand nombre de transformations possibles. Par la satisfaction de ces affinités elle met au jour le travail qu'elle tient caché. De même la poudre est du travail disponible.

Mais du moment qu'une partie de ce travail est développée, la matière a cessé d'être ce qu'elle était, et ses usages ultérieurs sont moins étendus et moins variés. Quand la poudre a chassé le boulet hors du canon, il ne reste d'elle que les produits relativement fixes de sa combustion, l'acide carbonique, un composé d'azote et du sulfure de potasse.

Pour rendre son activité à la substance musculaire qui a fonctionné, il faut un certain travail dont on emmagasinera une partie dans le produit reformé. Pareillement, la poudre est le résultat d'une manipulation industrielle, et pour faire fonctionner à nouveau un cep ou un piège à souris, il faut retendre le ressort, et y renfermer une force égale à celle qui s'en est échappée.

III

LA MATIÈRE INSTABLE.

SOMMAIRE : Toute combinaison instable absorbe de la chaleur pour
se former, en dégage quand elle se résout. — Comment on peut
expliquer la formation et le maintien des instables. L'équilil re
instable. — Dans les organismes eux-mêmes, l'instabilité et la
stabilité sont choses relatives. — Résumé.

Ce que nous venons d'exposer physiquement, on peut
l'exposer chimiquement.

Deux molécules peuvent être unies de deux manières
opposées. Ou bien elles ont de l'affinité l'une pour l'autre,
et alors pour les séparer il faut faire un effort; il faut,
pour ainsi dire, tendre et briser le ressort qui les maintient
rapprochées; dans ce premier cas, la combinaison est
stable. Ou bien elles sont unies par violence, il y a entre
elles comme un ressort comprimé qui ne demande qu'à
s'ouvrir, et, dans ce second cas, la combinaison est instable.

Une combinaison de la première manière, en se faisant,
a dégagé de la chaleur; c'est pourquoi il faut lui rendre
de la chaleur pour la défaire. Une combinaison de la
seconde manière en a absorbé, au contraire, et c'est pourquoi elle en dégage quand elle se résout. Qu'on veuille
bien se rappeler ce qui a été dit plus haut de la formation
du chlorure d'azote.

Or, ce sont des combinaisons de la dernière espèce que
forment les molécules actives d'un muscle intact, et elles
entrent dans des combinaisons de la deuxième espèce
quand il fonctionne.

Les combinaisons $a\,A$ et $b\,B$ étaient instables; la combinaison ab est stable. Tout muscle qui travaille dégage
de la chaleur. D'ailleurs chaleur et travail, c'est presque la
même chose. Le travail exécuté, le muscle est inerte, à
moins qu'on ne remette les molécules dans le même état,

ou qu'on ne les remplace par d'autres disposées de la façon voulue. C'est ce que la nourriture se charge de faire.

En tant qu'elle est prête à fonctionner, c'est-à-dire à réparer les pertes de l'organisme, elle est une substance instable, qui nécessairement, elle aussi, mise en rapport avec l'organe affaissé, y provoque de nouvelles précipitations chimiques en sens inverse.

Je viens de dire : la nourriture prête à fonctionner. En effet, l'aliment, en tant que puisé dans la nature extérieure, n'est pas nécessairement une matière plus instable que celle qui va en sortir. Le foin que rumine le bœuf est plus stable que les muscles de l'animal, ou que la substance chimique de sa rétine. Mais le foin renferme une certaine somme d'instabilité qui se déposera dans ses membres ou dans son œil, en s'y concentrant aux dépens de la stabilité des résidus. Le foin dans l'estomac, c'est comme l'ammoniaque engagée sous une cloche pleine de chlore. Il produit d'une part des organes vivants, c'est-à-dire très instables, et d'autre part du fumier — de même que, sous la cloche, se forment du chlorure d'azote et de l'acide chlorhydrique.

Ce n'est pas que tout soit clair dans cette formation des instables, il s'en faut de beaucoup. L'observation en a déjà été faite. Comment le chlore reste-t-il uni à l'azote dont il ne demande qu'à se dégager ? quelle est la nature de ce lien si puissant et qui est en même temps si fragile que le frottement d'une barbe de plume le rompt sans peine ? Certes, on se rend assez bien compte de ce qui arrive quand la première molécule est dissoute. Sans doute, le choc, résultant de la séparation brusque d'un premier atome de chlore et d'un premier atome d'azote, provoque une séparation semblable dans le voisinage, et l'ébranlement se communiquant ainsi promptement de proche en proche, la substance est dite faire explosion. Mais sur la possibilité de la combinaison nous n'avons aucune lumière. C'est à l'avenir qu'il est réservé de tirer au clair cette difficulté.

En attendant sa réponse, voici ce que je pense à ce sujet. Évidemment, au moment où ils s'unissent, le chlore et l'azote ont de l'affinité l'un pour l'autre, sans quoi ils ne s'uniraient pas. Il est tout aussi certain que, une fois unis, quand ils se présentent à nous sous la forme que nous leur connaissons, ils n'en ont plus. Ils ont donc passé de l'état d'équilibre stable à l'état d'équilibre instable. Ce passage s'étant fait pendant le refroidissement, nous pouvons admettre que le refroidissement est la cause de l'instabilité. Ce n'est peut-être pas vrai; mais l'hypothèse, si elle est erronée, contient sûrement une part de vérité.

Le chlorure d'azote offrirait donc un phénomène analogue à celui de la surfusion. On connaît ce genre de phénomène. L'eau nous en donne un exemple familier. On sait qu'elle se prend en glace à zéro. La glace est l'état d'équilibre de l'eau, correspondant à 0°, ainsi que la vapeur est l'état sous lequel elle se montre à 100°. Mais de même qu'en l'enfermant dans un récipient suffisamment solide, je puis élever considérablement sa température sans qu'elle se vaporise, et qu'elle est alors à l'état liquide malgré elle, de même je puis abaisser sa température jusqu'à dix et vingt degrés sous zéro sans qu'elle se prenne. Ses molécules sont alors dans un état d'équilibre instable, et il suffit de la cause la plus légère pour qu'il vienne à cesser brusquement : un choc, un fragment de glace projeté dans la masse. Telles sont les larmes bataviques, tel serait le chlorure d'azote, et tels les tissus vivants.

Il ne manque pas d'analogies pour faire comprendre la substitution graduelle de l'équilibre stable à l'équilibre instable, par exemple les pierres branlantes et les glaces flottantes du pôle. Quand des blocs d'une matière dure se trouvent apportés par hasard sur un terrain qui se désagrège facilement sous l'action de la pluie et de l'atmosphère, ils finissent par se trouver perchés sur une espèce de colonne qui s'est formée sous leur abri, mais qui continue à être rongée sur ses contours libres et exposés à l'air. A la longue, le support s'amincit tellement que le bloc branle, et, un beau jour, il s'effondre. C'est ainsi qu'un cône peut tenir sur son sommet, mais qu'un rien le renverse. De même la partie des icebergs qui plonge dans la mer se fond peu à peu ; le centre de gravité de la masse se déplace lentement, et un moment vient où, se trouvant au-dessus du centre de flottaison, la masse entière culbute. De part et d'autre, c'est la goutte d'eau qui fait déborder le vase.

C'est de cette façon qu'il faut se représenter la formation des instables organiques, de ces groupes tels que a A et b B qui se réduisent sous la moindre excitation. L'union de leurs éléments qui s'est faite naturellement dans des circonstances favorables, persévère quand ces circonstances ont changé.

On pourrait même aller plus loin et se demander si la combustion des tissus ne fournit pas précisément la chaleur indispensable pour la formation de nouveaux tissus. On s'expliquerait alors pourquoi la suspension de la respiration et la privation d'oxygène tuent tout être vivant. Les expériences de Pasteur sur le charbon inoculé à des poules sont venues montrer que le virus charbonneux ne résistait pas à une température de 41°, et qu'il fallait refroidir le sang des poules pour le rendre apte à s'infecter. Le sang refroidi est donc plus instable, plus attaquable, plus facile à se décomposer que le sang à la température normale. J'arrête ici les déductions qu'on pourrait tirer de cette explication des instables.

Quoi qu'il en soit, il est incontestable, ce me semble, que tout organe contient de la matière instable qui se résout et se fixe quand il fonctionne ; et que cette matière instable, au moment même où elle se forme, prend naissance à la façon des stables, c'est-à-dire par une précipitation réciproque des éléments composants.

Un mot encore. Toute combinaison, si stable qu'elle soit, est toujours instable en quelque façon. Si bien unies que soient les molécules, on peut toujours parvenir à les séparer. Le carbone est fortement uni à l'oxygène dans l'anhydrique carbonique, mais il y a pourtant moyen de l'en séparer. Pour cela il suffit d'y mettre la peine. Il ne s'agit après tout que de produire assez de chaleur, la chaleur ayant la propriété de décrocher les atomes les mieux accrochés. En soumettant l'anhydride carbonique à une chaleur suffisamment grande, il se décomposera. Seulement, pour obtenir cette chaleur, il faudra consommer du combustible et, en fin de compte, brûler du charbon et former des quantités d'anhydride carbonique beaucoup plus considérables que celle qu'on parviendra à décomposer.

Nous avons vu comment les plantes parviennent à réduire l'anhydride carbonique. La chlorophylle a la propriété d'accaparer les rayons solaires, dont l'éclat même n'est que de la chaleur transformée. Quand elle en est saturée, son avidité pour le carbone est des plus marquées et elle va jusqu'à le ravir à l'oxygène. Par parenthèse, on conçoit que la chlorophylle, cette substance si éminemment instable, se refuse à se laisser fixer par les chimistes. La chlorophylle fixée est presque une contradiction en fait.

Voilà cependant le carbone dans la plante, et il y est revêtu d'une part d'instabilité ravie au soleil par la chlorophylle. Etant tel, il va de nouveau se diviser en deux parts : une part plus instable encore qui entrera dans la composition de la fécule, de la graisse, de l'albumine, et une part plus stable qui se déposera dans certains tissus ligneux, pour y subsister sans altération tant que la plante vivra. Par conséquent le bois, dans lequel nous voyons de l'instabilité puisqu'il est avide d'oxygène, est, relativement à la fécule, un produit des plus stables, ce que prouve d'ailleurs sa longue résistance aux agents de destruction.

Réciproquement, les substances les plus instables sont stables à certains égards, et, si disposées qu'elles soient à se désagréger, toujours est-il qu'il faut un certain effort

pour les y amener. De là vient qu'il n'y a peut-être pour
aucun animal d'aliment absolument parfait, fût-ce sa propre chair [1].

Enfin, les résidus excrémentitiels de certains organismes servent d'aliments à d'autres. Il y a des animaux qui
ne vivent que de chair corrompue ou de fumier. Bien que
la putréfaction ait pour résultat final et total une plus
grande somme de stabilité, il faut croire que cette somme
se répartit inégalement, et que la chaleur produite par certaines précipitations dans une partie de la chair, sert à
former des unions forcées dans une autre partie. Car, ne
craignons pas de le répéter, de la substance la plus stable
on peut toujours, sinon en fait, du moins en idée, tirer
deux autres substances de fixités différentes, et dont l'une
sera moins stable que celle d'où elle provient.

Ici se termine la première partie de cette étude.

Je suis parti des idées ordinaires que l'on se fait de la
vie et de la mort : ces deux termes sont corrélatifs et l'un
ne peut s'expliquer sans l'autre.

J'ai montré qu'ils sont employés tous deux dans deux
sens différents, un sens général et un sens spécial, suivant
qu'ils s'appliquent à toute espèce de matière susceptible
de changer, ou à ces unités phénomales et passagères
qu'on nomme individus.

Pris dans le premier sens, leur opposition est purement
relative ; ils sont opposés comme le plus et le moins. Nous

1. Aujourd'hui, dans les cas de perte considérable de substance,
on pratique la greffe animale, et l'on remplace le derme, les os, les
muscles détruits par du derme, des os, des muscles pris sur
l'homme ou d'autres animaux. Ces greffes ne sont pas considérées
comme des aliments, et cependant, elle ne font parfois que devancer
l'œuvre que l'alimentation aurait accomplie à la longue. C'est pourquoi j'ai laissé subsister dans le texte un *peut-être* que, sans cela,
j'aurais pu effacer ; car l'assimilation est une opération chimique, et
elle consomme toujours du travail, c'est-à-dire la force disponible.

disons d'un cadavre récent qu'il est mort; mais si nous le comparons à ce qu'il deviendra bientôt, nous jugerons qu'il est vivant. Les produits de la putréfaction sont morts comparativement à la matière cadavérique qui se décompose; mais, poussant toujours plus loin la distinction, nous les qualifierons néanmoins d'organiques, tant qu'ils n'ont pas atteint un autre état plus inerte encore que nous nommons inorganique. Entre le vivant, l'organique et l'inorganique il n'y a qu'une différence de degré et non une différence de nature.

Mais l'organisé se transforme de lui-même en inorganique, et cela en vertu du principe de la stabilisation de la matière, qui n'est qu'une extension de celui de la fixation de la force, ou de la tendance à la réalisation de l'équilibre universel; le vivant se fait mort sans relâche. Et cependant nous assistons tous les jours au spectacle de la revivification du mort. Comment, par quel procédé, en suite de quelles lois, cette reconstitution peut-elle avoir lieu? c'est le problème que j'ai tâché d'élucider et de résoudre. J'ai fait voir que, nonobstant la loi inexorable de la précipitation incessante de l'instable en stable, cette tendance même peut servir à reconstituer de l'instable au moyen du stable. C'est là tout le mystère de la nutrition.

Il me reste maintenant à aborder la question de la mort des individus, ainsi que celle de la transmission de la vie, qui s'y rattache étroitement.

Ce sera l'objet de la deuxième partie de ce travail.

DEUXIÈME PARTIE

LA NAISSANCE ET LA MORT

Ici commence la partie délicate de ma tâche. Jusqu'à présent, j'ai pu m'appuyer tant bien que mal sur les résultats positifs de la science. La formule de la reconstitution des instables n'est que l'expression généralisée des lois qui président aux réactions chimiques ; et, quant au rôle que j'ai assigné à la nourriture, il concorde avec ce qu'on en sait aujourd'hui. J'ai dû seulement l'exposer en termes à moi propres, pour le rattacher intimement à la théorie des instables telle que je la conçois, et, remontant plus haut encore, au principe que j'ai énoncé et défendu autre part, de la fixation de la force.

Pour ce qui va suivre, l'assise de la science positive me fait en quelque sorte défaut. Bien mieux, je me verrai forcé de révoquer en doute, de contredire même des résultats en apparence parfaitement établis. Mon audace a son excuse. Dans la supposition où je me fourvoierais grandement — ce qui ne m'étonnerait en aucune manière — mon erreur n'exclurait pas, j'ose l'espérer, un certain fond de vérité, sur lequel pourrait s'élever un système plus plausible.

Quoique la mort soit une nécessité pour tous ou presque tous les êtres vivants, plantes, animaux, espèces même, elle se dérobe à notre investigation et reste pour nous un mystère.

Comme le dit quelque part Helmholtz, un petit nombre d'expériences nous suffisent pour affirmer que la chaleur dilate la colonne thermométrique; mais si c'était la nature qui eût créé les thermomètres et qu'elle les eût placés dans un milieu inaccessible où la chaleur serait en proportion de l'humidité, comment pourrions-nous nous assurer si la hauteur du mercure dépend de l'une plutôt que de l'autre?

Les êtres vivants sont des biomètres dont le ressort vital est hors de notre portée. Nous voyons bien leur vie augmenter ou décroître; mais les causes possibles de ces variations sont tellement multipliées et chacune d'elles peut agir par tant de voies différentes, que les expériences les plus prudemment dirigées nous conduisent toujours dans un labyrinthe inextricable. Ah! si nous pouvions construire un biomètre, si un jour la chimie faisait sortir de ses matras du protoplasme vivant! ce jour-là — ou le lendemain — nous saurions au juste pourquoi il doit se nourrir, croître jusqu'à une certaine limite, puis mourir. Mais ce jour paraît bien éloigné, tellement éloigné qu'on se prend à désespérer de le voir jamais éclore.

Aussi celui qui tente aujourd'hui d'expliquer la mort ne peut guère se flatter de jeter beaucoup de lumière sur le sujet. C'est la spéculation surtout qu'il appelle à son aide; or, on sait ce qu'elle vaut, et de combien d'orgueilleuses erreurs elle peut nous repaître. Si donc je me prends à attaquer le redoutable problème, c'est après bien des hésitations que justifieraient suffisamment les seules lacunes de mon savoir.

Après tout, la mission de la philosophie n'est-elle pas d'élaborer les questions jusqu'au point où elles puissent être remises aux mains des sciences positives? Aucune science d'ailleurs ne donne jamais de solution complète. Ce que l'on appelle ainsi n'est d'ordinaire que la fusion du problème dans un problème plus général. La généralisation équivaut à une simplification.

Voyez l'astronomie, la plus parfaite de nos sciences.

Elle s'est bornée à expliquer les phénomènes célestes par deux ordres de mouvements, un mouvement tangentiel et un mouvement centripète, mais elle renonce à se prononcer sur l'origine de ces mouvements.

Concernant la naissance de l'humanité, en sait-on beaucoup plus que du temps de Deucalion ? A la suite de Démocrite et d'Épicure, Lucrèce, dans son poëme, nous montre la nature essayant toutes espèces de formes ; mais, ajoute-t-il, de ces formes, beaucoup furent inaptes à vivre parce que, manquant de bouche, ou d'yeux, ou de membres mobiles, elles ne pouvaient prendre ou chercher leur nourriture, ni fuir le danger ; d'autres privées des attributs du sexe, ne purent propager leur espèce [1]. Ce n'est qu'après bien des tentatives avortées qu'elle accoucha d'animaux en état de soutenir la lutte de l'existence. Enfin elle fit l'homme, qui a engagé le combat contre toutes les autres espèces animales, pour les détruire si elles lui sont nuisibles, ou les asservir si elles lui sont utiles. N'est-ce pas le principe de la sélection naturelle et de la survivance du plus apte? Et nos modernes physiciens-philosophes parlent-ils, au fond autrement que Lucrèce, quand ils font consister l'univers originel en un jeu d'atomes où l'intelligence n'a pas de place, et d'où pourtant l'intelligence surgit un beau jour par hasard?

Le système admirable de Darwin a-t-il jeté quelque

1. Multaque tum tellus etiam portenta creare
   Conatast mira facie membrisque coorta,
   Androgynum, interutraque nec utrum, utrimque remotum,
   Orba pedum partim, manuum viduata vicissim,
   Muta sine ore etiam, sine voltu cœca reperta,
   Vinctaque membrorum per totum corpus adhaesu,
   Nec facere ut possent quicquam, nec cedere quoquam,
   Nec vitare malum, nec sumere quod foret usus.
   Cetera do genere hoc monstra ac portenta creabat,
   Nequiquam, quoniam natura absterruit auctum,
   Nec potuere cupitum aetatis tangere florem,
   Nec reperire cibum nec jungi per Veneris res.

   Liv. V, 834 et suiv.

clarté sur l'origine des espèces? Oui, sans doute. Mais sur
l'origine de la première espèce, non. Autrefois, aux questions : d'où vient l'homme? d'où vient le cheval? d'où vient
le papillon? on répondait : Donnez-nous un couple-
homme, un couple-cheval, un couple-papillon, et nous
vous ferons leurs espèces. C'est ainsi que parlait Moïse.
Aujourd'hui les plus hardis parmi les prudents, c'est-à-dire
parmi les adversaires de la génération spontanée, disent :
Donnez-nous un protiste, et nous formerons à la fois
l'homme, le cheval et le papillon, même le chêne, le pal-
mier et la mousse. Parfait. Mais d'où vient ce premier
protiste? C'est toujours la même question. Seulement à la
place d'un grand nombre de demandes plus ou moins
semblables, il n'en reste plus qu'une — si, bien entendu,
l'on considère comme suffisamment assises les lois de la
transformation des espèces.

Ce que je viens de dire n'est pas absolument étranger
à mon sujet. A moi aussi il va me convenir de résoudre
des énigmes par généralisation et par fusion.

Comme je l'ai dit précédemment, c'est du jour où la
mort a fait son apparition dans le monde, que les êtres vivants
se sont mis à engendrer, et que la vie s'est perpétuée par
voie de transmission. Ainsi c'est dans la mort, fait général,
que la naissance de l'individu puise sa raison d'être. Mais
en soi, elle est plus incompréhensible que la vie. Après
tout, je me sens vivre, et j'ai ainsi une connaissance pratique de ce que c'est que vivre. Mais je ne sais vraiment ce
que c'est qu'être mort, ni quelle sorte d'existence est dévolue aux choses qui ne vivent pas. Au fond, s'il nous est si
difficile de comprendre comment la vie prend naissance,
c'est parce que nous ne voyons pas comment elle prend
fin. Seulement nous trouvons plus récréatif de spéculer
sur l'origine de la vie que de méditer sur la cause de la
mort.

Ce n'est pas d'aujourd'hui que ces problèmes sollicitent
mon attention. Dans mon étude sur le *Sommeil et les Rêves,*

préoccupé des traces indélébiles du passé, j'ai rencontré sur ma route la question de la génération et de la sexualité, sur laquelle j'ai émis quelques idées. A propos du problème relatif à la mort, je disais dans ma *Théorie de la sensibilité*[1] : « La mort pourrait bien n'avoir d'autre cause que la diminution de la faculté d'accommodation, provenant de ce que l'impression laisse une trace ineffaçable, quoique de plus en plus faible. Une corde de violon écartée de sa position d'équilibre — surtout si l'écart s'est approché de la limite d'élasticité — n'y revient pas avec toutes les propriétés qu'elle possédait auparavant : elle est plus lâche. Le musicien doit donc la retendre; et il doit si souvent le faire qu'elle finit par se rompre sous l'archet. »

Mon unique ambition aujourd'hui est de serrer l'une et l'autre question de plus près.

L'idée qui me guide est assez simple, et peut s'exposer en quelques mots. La mort est une conséquence de la localisation des fonctions, celles-ci se localisent dans un mécanisme, lequel, une fois formé, n'est pas susceptible de se reformer intégralement; pendant la vie, il va s'usant sans trêve ni répit : à la longue il est mis hors d'usage et l'on meurt. Quand à la localisation des fonctions, elle dérive elle-même de la propagation par division. Cette conception nous reporte donc au début de l'univers.

De là deux chapitres : l'un, où j'établirai que telle est bien la cause de la mort; l'autre, où je remonterai à l'origine des organes différenciés.

1. Bruxelles et Liège, 1876, p. 48.

CHAPITRE IV

LA CAUSE DE LA MORT

Dans le paragraphe sur le rôle de la nourriture, j'ai, de propos délibéré, laissé un point indécis : Remplace-t-elle les organes devenus inertes ou se borne-t-elle à les reconstituer, c'est-à-dire, pour employer un terme usuel qui rend mieux mon idée, à les raccommoder ? Il est important de le savoir. En effet, si les organes se détruisent et si la nourriture les reproduit en mettant du neuf à la place du vieux, pourquoi ne peut-elle pas conserver indéfiniment l'intégrité de l'individu ? Pourquoi, après avoir eu au début la vertu de le former, de le conduire au plus haut terme de son expansion, de l'y maintenir quelque temps, par un renouvellement incessant de son corps, semble-t-elle la perdre insensiblement, et devenir incapable de régénérer ce qu'elle a su engendrer et entretenir en bon état ?

Mais le problème change de face quand on refuse à la nourriture la faculté de recréer intégralement nos organes, quand on admet qu'il y a en nous quelque chose qui ne se refait pas. La mort a par là une explication ; elle peut être due à la destruction de ce quelque chose. On a de plus la raison de l'identité de l'individu pendant au moins une partie de son existence.

Dans les pages précédentes, j'ai fait entendre que ce que l'on convient de désigner sous le nom uniforme de nourriture remplit une double fonction, et que ce que l'on appelle une individualité organique n'est pas uniquement de la matière vivante délimitée dans l'espace (cette définition ne convient qu'à l'adulte), mais quelque chose de délimité dans le temps, c'est-à-dire, qui commence et finit. Pendant la première phase de son existence, ce quelque chose croît, la nourriture s'accumule en lui sous forme de tissus de plus en plus stables, os, nerfs, muscles; tandis que, pendant la deuxième phase, elle ne fait que le traverser. Elle perd sa vertu formatrice pour ne plus garder que sa vertu motrice.

Quelque opinion que l'on professe sur la vie et sur l'organisation, cette transformation dans l'action de la nourriture est universelle. Parfois on se prend à croire que certains organismes seraient susceptibles de croître indéfiniment; c'est ou bien une illusion résultant d'une fausse interprétation des faits (arbres, polypiers), ou bien une simple assertion n'ayant d'autre fondement qu'une induction tirée d'observations ou mal faites ou forcément incomplètes.

Généralement même le mode d'accroissement de l'organisme est différent du mode d'entretien. Le jeune poulet dans l'œuf ne mange pas, et ce n'est même pas par les voies digestives que se nourrit le jeune mammifère dans la matrice. Enfin, l'énergie des aliments, au début de la vie, s'épuise en grande partie dans la confection de certains appareils mécaniques ou distillatoires; pendant l'âge adulte, dans la mise en marche de ces appareils.

La nourriture garde cependant toujours comme un souvenir de ses aptitudes premières; elle a une certaine vertu réparatrice ou reformatrice. Quand nous disons la nourriture, c'est une façon de parler. Car cette vertu appartient proprement aux produits secondaires du développement du germe. Dans tous les cas, elle est renfermée dans des limites assez restreintes. En thèse générale, ce qui a été fait ne peut plus se refaire.

C'est pourtant une opinion accréditée que le corps des animaux se renouvelle dans son entier, si bien qu'au bout d'un certain laps de temps il n'y a plus en lui une seule des molécules qui le composaient autrefois.

Sur quelles données se fonde-t-elle ? C'est ce que nous verrons plus loin.

Auparavant, j'examinerai si elle est compatible avec le caractère d'identité que nous attribuons aux animaux par analogie avec nous-mêmes.

Après quoi j'aurai à édifier sur d'autres principes la conception de l'organisme vivant.

I

L'IDENTITÉ PHYSIQUE.

SOMMAIRE : La notion de l'identité physique est obscure. — L'identité physique des êtres purement matériels. — L'identité physique des êtres ayant une existence spirituelle. Elle ne se conçoit pas dans la supposition que toute leur substance corporelle serait fluente. — L'identité ne peut résider dans la forme. — La lenteur avec laquelle se ferait le flux de la matière corporelle ne sauve pas l'identité.

L'identité physique ou corporelle est autre que l'identité psychique. A la rigueur, les faits nous invitent à ne pas regarder celle-ci comme nécessairement liée à celle-là, bien qu'elles aient, comme j'espère le|démontrer, des rapports plus intimes qu'on ne le supposerait au premier abord. L'une est subjective et individuelle. Elle se manifeste uniquement au sens intime, mais avec un caractère de certitude qui s'impose. L'autre est objective ; pourtant elle se suppose plutôt qu'elle ne se constate directement ; l'opinion qu'on s'en fait repose principalement sur des indices, sur la continuité des observations et le souvenir qu'on en garde, et la notion que nous nous en formons est particulièrement obscure.

Cela provient de ce que l'idée d'identité est puisée dans la conscience que nous avons de notre propre identité. Dès lors elle se rapporte à notre esprit, non à notre corps. Aussi il est difficile, sinon impossible, d'en faire une application légitime aux êtres auxquels nous ne reconnaissons pas une existence spirituelle. De sorte qu'il n'y aurait pas un paradoxe bien grand à soutenir que l'identité d'un corps conçu comme *purement matériel* n'a pas d'autre fondement que l'identité *psychique* permanente de l'être qui la constate.

Sans doute nous parlons de l'identité permanente et indestructible des atomes, mais c'est en tant qu'ils sont *spécifiquement* différents, parce qu'il nous a plu de les doter d'une espèce d'âme consistant en un ensemble — très problématique — de propriétés caractéristiques, inhérentes et immuables. Si, au contraire, nous envisageons deux atomes appartenant à la même espèce chimique, deux atomes d'oxygène par exemple, ce qui fait leur individualité, c'est uniquement leur situation dans l'étendue. Car si deux atomes pouvaient, ne fût-ce que pendant un instant indivisible, occuper le même point, ils deviendraient, comme dirait Leibnitz, indiscernables, c'en serait fait pour toujours de leur identité individuelle permanente. Leur discernabilité ne leur appartient donc pas en propre ; elle leur est communiquée par la position où ils se trouvent. Car telle est la propriété de l'espace pur que tous ses lieux sont différents et discernables[1]. Et, en fait, le chimiste ne s'enquiert pas de l'individualité des atomes qui entrent dans le corps qu'il considère, et il ne le regarde pas comme changé, même dans sa pensée, si à tel atome d'oxygène ou de carbone, il imagine que tel autre atome d'oxygène ou de carbone s'est substitué. En retour, toujours en tant que chimiste, il ne s'avisera pas de nier qu'on puisse dire qu'un même atome, passant d'un corps dans un autre, cesse d'être le même.

1. C'est sur cette propriété que, dans ma *Logique scientifique* (Liège, Paris, 1865), j'ai fondé la définition de la force : *l'équivalent mécanique de la position dans l'espace.*

Si la notion d'identité appliquée aux atomes est déjà d'une interprétation si difficile, à plus forte raison l'est-elle quand on l'applique à des combinaisons d'atomes. L'identité physique d'un être tient, pour nous, à la présence continue en lui de quelque chose de substantiel, matière ou force. Mais quand nous voulons déterminer quels sont les éléments nécessaires pour constituer l'identité d'un être purement matériel, nous tombons dans des contradictions sans fin. Il ne faut pas beaucoup de mots pour le faire voir.

Nous disons d'un morceau de cire qu'il reste identique à lui-même bien qu'il change de forme, de couleur, d'odeur, de consistance. Mais, une fois brûlé, pourquoi disons-nous que ce n'est plus de la cire? Pourtant dans les produits de la combustion se trouvent encore les atomes, que nous concevons comme indestructibles et comme restant ce qu'ils sont même quand la cire est brûlée, et les forces latentes qui existaient dans la cire et qui n'ont fait que se transformer en passant de la puissance à l'acte. Ici donc nous faisons consister l'identité non seulement dans la matière, mais aussi dans la manière dont cette matière est groupée dans les molécules; à nos yeux l'identité de la cire est attachée autant à la nature et à la permanence des forces qui relient les atomes qu'aux atomes eux-mêmes.

D'un autre côté, du fragment de phosphore qui perd toutes ses propriétés apparentes en devenant rouge, nous dirons qu'il reste le même, bien que les forces atomiques et moléculaires soient autres; mais nous dirons qu'il cesse d'être ce qu'il est si on le combine au chlore ou à l'oxygène! En revanche, l'eau qui, dans un récipient fermé, passerait continuellement par les trois états, solide, liquide et gazeux, nous la jugerions rester identique à elle même!

Sur quel fondement sérieux reposent des jugements si différents?

Une maison roulante que l'on transporte d'un lieu dans un autre reste la même maison. Nous énoncerions probablement un jugement semblable sur la maison que l'on rebâtirait ailleurs sur le même plan avec les mêmes matériaux et en replaçant chaque pierre et chaque clou dans l'ordre primitif. Mais si les matériaux étaient différents, nous ne la regarderions plus comme identique avec la première.

D'autre part, une lame de couteau, brisée, refondue et reforgée, n'est plus, à nos yeux, la même lame de couteau. Mais peut-être ne dirons-nous pas que la goutte d'eau qui vient de se vaporiser est différente de celle qui va se condenser.

Pourtant dans le cas de la maison reconstruite avec ses propres matériaux, comme dans celui de la lame ou de la goutte, si les nouvelles forces sont bien semblables à celles qui sont détruites, elles ne sont pas ces forces.

On le voit, la notion que nous nous faisons de l'identité physique ou corporelle d'un être purement matériel, est des plus indécises et des plus flottantes. Certes, la permanence intégrale de la matière nous apparaît comme en étant une condition essentielle — on ne saurait vraiment dire pourquoi ; car, je tiens à le répéter encore une fois, les atomes ou les molécules d'une même substance sont identiques en tant qu'atomes ou molécules et ne se distinguent que par leur position dans l'espace. Mais quant aux forces qui relient les atomes ou les molécules, tantôt nous exigeons qu'elles subsistent, tantôt nous admettons qu'elles se transforment, tantôt même nous allons jusqu'à concéder qu'elles soient remplacées par d'autres forces équivalentes.

Contradictions sur toute la ligne.

Quand, au contraire, l'être que nous avons en vue, nous apparaît comme ayant, outre son existence physique, une existence psychique — ce qui est le cas des êtres vivants — l'identité physique change pour lui complètement de caractère. Nous ne la faisons plus consister dans la per-

manence intégrale de la matière corporelle; nous sommes
même plutôt portés à regarder la matière comme un support indifférent des forces vitales, en ce sens que peu im-
porterait pour l'individu que son corps fût composé de tels
atomes plutôt que de tels autres, pourvu qu'ils eussent les
mêmes propriétés.

Cependant, en y regardant de plus près, on voit que
l'on ne peut faire abstraction totale de la matière corporelle.

Si, en effet, toute la matière corporelle est fluente,
c'est-à-dire si elle ne fait que passer à travers les êtres
vivants, à la façon de l'eau d'un fleuve qui coule toujours
dans le même lit, on se demande en vain à quoi est attachée leur identité pendant tout le cours de leur existence,
en d'autres termes, comment cette identité est concevable
et possible. Un canif — l'argumentation traîne dans tous
les livres de philosophie — un canif auquel on remet successivement des lames et un manche, est, pour son pro-
priétaire facilement illusionné, toujours bien le même
canif, parce qu'il continue à se mettre dans la même
poche et à servir aux mêmes usages. Mais, en réalité,
qu'a-t-il de commun avec le premier, et, s'il était sensible,
comment pourrait-il s'identifier avec lui?

La question, pour être posée par la vieille psychologie,
comme on l'appelle, n'en est pas plus mauvaise. L'identité
réclame un support. L'identité du fleuve — s'il y a quelque rapport entre la vie et un fleuve — tient à son lit, à
ses rives, à sa source, à son embouchure, en un mot à
quelque chose qui subsiste à côté des changements.

On dira peut-être que, pour les êtres vivants, l'identité
réside dans la forme. Mais cette forme est-elle permanente?
Non! quelle différence entre l'enfant et le vieillard, entre
la chenille et son papillon, entre le polype et sa méduse?
D'ailleurs, la forme est une abstraction. La forme, pour
avoir cette vertu de constituer l'identité, doit être attachée

à quelque chose de persistant. Deux montres auront beau avoir la même forme, elles n'en sont pas moins individuellement différentes. Vous ressemblez à s'y méprendre à votre voisin, vous n'êtes pas lui. Enfin, la forme de la cire peut changer sans que celle-ci cesse d'être elle-même; et vous, vous resterez ce que vous êtes après des déformations et des mutilations considérables. A quoi tiendrait donc l'identité .physique, s'il n'y avait pas une certaine identité corporelle?

J'entends d'ici la réponse. Le renouvellement corporel se fait molécule par molécule, et la molécule nouvelle prend exactement la place de celle qui disparaît. Cette hypothèse ne tient pas, et je le prouve.

Voici un cristal. Si, par supposition, on enlève tour à tour les atomes qui le composent pour les remplacer par d'autres identiques aux premiers, quand l'opération sera achevée, pourra-t-on dire que le cristal résultant est identique au premier? Semblable, oui; identique, non. Si cependant, contre toute évidence, on voulait soutenir qu'il est identique, que dira-t-on du cristal qu'on parviendrait à refaire avec les particules soustraites et remises dans le même ordre? Il y aurait alors deux identiques — ce qui est une contradiction.

Imaginons une installation ingénieuse. Le cristal sera plongé par un bout dans un bain qui le raccourcit, tandis que par l'autre bout un autre bain le rallonge. Cette image a le mérite de figurer exactement l'usure et la réparation des organismes telles qu'on se les représente d'ordinaire, l'organisme se détruisant dans toute son étendue et se refaisant par intussusception. Admettons en outre que les molécules enlevées soient, par un procédé inverse, reconstituées et replacées dans leur ordre primitif, de sorte que, en fin de compte, on ait deux cristaux. Qui s'avisera de penser et de soutenir que le cristal plongé dans le double bain est resté identique à lui-même pendant tout le temps de l'opération, et qu'il l'est encore quand elle est achevée et qu'il ne contient plus une seule de ses molécules primitives tandis que le cristal qui s'est reformé avec ces molécules n'aurait rien de commun avec lui? Personne.

On a rendu la substitution progressive, lente et insensible pour la concilier avec la permanence à travers le changement. On a divisé la difficulté en un nombre infini de difficultés infiniment petites, se disant qu'on en aura d'autant plus facilement raison qu'elles seront petites, et l'on triomphe par avance. Illusion pure! Dès qu'une unité substantielle perd un atome de sa substance, elle n'est plus matériellement identique à elle-même. Sans doute on ne voit pas la différence, mais elle n'en existe pas moins; et l'erreur en ceci comme partout ailleurs, consiste a supposer la non-existence de ce qu'on ne voit pas [1].

L'identité physique de l'individu vivant impliquant dans notre esprit l'appui d'une certaine continuité matérielle, la conception que nous nous en formons, participe des obscurités qui enveloppent la même notion appliquée aux corps simplement matériels.

II

L'IDENTITÉ PSYCHIQUE.

Sommaire : L'identité psychique est l'identité par excellence. — La mémoire, les habitudes et les instincts supposent un mécanisme. On ne conçoit pas le renouvellement d'un mécanisme par un procédé de nutrition. — L'identité psychique s'appuie nécessairement sur une identité substantielle. Difficulté concernant l'identité entre l'œuf et l'animal parfait.

Ce n'est pas tout cependant. Si l'identité physique ne peut se concevoir concurremment avec un changement

1. Voir ma *Logique algorithmique*, p. 98.

intégral de matière, on en peut dire autant de l'identité psychique [1].

Celle-ci est l'identité par excellence. C'est elle qui constitue l'individualité propre de l'être. Deux corpuscules absolument semblables et constitués uniquement de matière, ne restent distincts que pour un regard qui les suit dans les lieux qu'ils occupent tour à tour. S'ils n'étaient pas impénétrables, s'ils pouvaient occuper en même temps le même lieu, ils seraient indiscernables au fond et non pas seulement en fait. Mais du moment qu'on leur donne une âme, une volonté et une sensibilité, ils sont des individus, et entre eux il n'y a nulle confusion possible.

La continuité de notre individualité psychique se manifeste aux yeux d'autrui dans les façons de parler et d'agir autant que dans les traits extérieurs, et, à nos propres yeux, dans la mémoire. C'est grâce à elle certainement que nous nous jugeons dans le présent identique avec ce que nous avons été dans le passé.

Naguère encore certaine psychologie partait de là pour affirmer que c'est la mémoire qui crée l'identité. Il n'y aurait plus intérêt à reprendre la discussion dans les termes où elle était alors posée. Je dis seulement ceci : c'est que, sans la mémoire, je ne pourrais aucunement affirmer que le moi d'aujourd'hui est le même que le moi d'hier. L'observation journalière, les rêves où l'on parle et l'on se remue et dont on ne se souvient pas, les phénomènes de somnambulisme et d'hypnotisme, et les phénomènes plus rares de double conscience mettent ce point hors de contestation.

Qu'est-ce que la mémoire ? On l'a dit, c'est en somme une habitude, une habitude en voie de formation, une habitude dont on a pleine conscience. Pour apprendre une langue étrangère, il faut de la mémoire; pour la

---

1. Comparer mes *Éléments de psychophysique, théorie de la sensibilité*. Paris, Alcan, p. 197 et suiv. On y verra que j'attache la mémoire à l'organe.

parler il faut de l'habitude. Les habitudes ont besoin pour s'ancrer de l'intervention expresse d'une direction consciente; une fois ancrées, elles nous conduisent à notre insu et souvent malgré nous.

A côté des habitudes acquises, il y a aussi des habitudes innées. On les appelle instincts. Les instincts sont ou spécifiques, c'est-à-dire propres à l'espèce, ou individuels. Ces derniers font partie de ce qu'on nomme le caractère. Un homme diffère d'un coq par ses instincts spécifiques, et d'un autre homme par ses instincts particuliers. C'est l'instinct — un instinct spécifique — qui fait répéter à l'enfant les sons et les mots qu'il entend; c'est par la répétition qu'il assouplit son appareil vocal et l'habitue à les reproduire sans effort; c'est grâce à sa mémoire qu'il parvient à en comprendre et à en retenir le sens.

Mais gestes de mémoire, gestes d'habitude, gestes d'instinct tendent tous à se transformer et beaucoup se transforment à la longue en gestes de réflexivité. Mémoire, habitude consciente, instinct, connexion réflexe, ne sont rien de plus que des étapes différentes d'un même et unique phénomène. Le langage lui-même, cette étonnante faculté qui sert autant à la création des idées qu'à leur expression, l'application des règles de l'orthographe et de la syntaxe, la science du mot propre et du développement des périodes, arrivent, chez des individus particulièrement doués, à l'état de véritables réflexes.

Or, qui dit réflexivité, instinct, habitude, mémoire, dit mécanisme. Ce qui en moi, chaque soir au moment de me mettre au lit, remonte le réveil, c'est la machine. Cette machine est presque étrangère à moi-même. C'est la *bête*, dirait Xavier de Maistre, et moi, c'est l'*autre*. L'autre ignore bien souvent ce que fait la bête et se demandera si le réveil est remonté juste au moment où la bête lâche la clef.

Le mécanisme tient à un certain arrangement de la

matière, à certains liens établis entre certaines parties. L'identité du mécanisme est autre chose que l'identité substantielle purement physique. Nous disons qu'elle subsiste, la matière étant changée; on peut remettre un ressort à une montre, et y remplacer successivement tous les rouages. Pourvu que le plan de la montre ne soit pas modifié, et que les nouvelles pièces soient exactement semblables aux anciennes, la montre reste, à nos yeux, toujours la même. D'un autre côté, bien que la matière n'ait pas été altérée, nous jugeons que le mécanisme est détruit si l'on en dérange ou déforme les pièces, et il restera détruit quand même on réparerait le dommage, en redressant, reforgeant, rebattant pivots, trous et engrenages. Ce serait là, pour nous, construire un nouveau mécanisme avec les matériaux de l'ancien.

La montre qu'une chute a déformée, n'est plus une montre, et un cerveau écrasé n'est plus un cerveau.

Eh bien! conçoit-on le renouvellement incessant d'un mécanisme, dans les conditions où la nourriture peut l'opérer? Que dans une montre, un rouage usé soit remplacé par un autre qui lui est semblable, c'est très bien; la montre marchera comme auparavant. Pourquoi? Parce que le rouage nouveau a tout ce qu'il faut pour remplir le même office que l'ancien.

En est-il de même du corps ou, si l'on aime mieux spécifier, du cerveau? C'est par une habitude machinale que je prends ma canne quand je sors de chez moi pour humer l'air. Mon chien, voyant mon geste, a soudain l'idée d'une promenade à laquelle il compte bien être invité — habitude consciente — et remue la queue en signe de joie et d'impatience — réflexivité. Il prévoit qu'il aura peut-être l'occasion de dire un mot en passant à la chienne du voisin dont la gentillesse l'a frappé et qu'il juge d'un facile abord [1] — mémoire. — Il y a donc une

1. Je fais allusion à une observation intéressante que M. N. Joly

certaine portion de son cerveau où s'est gravée une image
attrayante. Elle s'ébranle à l'annonce d'une promenade
et, par suite de ses connexions avec d'autres parties de
l'organisme, elle est cause que le chien remue la queue.
Mais voilà que cette portion, soit parce qu'elle aurait
fonctionné, soit pour toute autre cause, serait devenue
inapte à faire ce qu'elle a fait jusqu'à présent. Il va falloir
la remplacer. Par quoi? par les éléments enlevés à un os
de veau ou de poulet! Mais ces recrues sont nécessairement gauches. Inexpérimentées comme elles sont, elles
ne rempliront pas du premier coup l'office qu'on attend
d'elles? Elles parlent une langue étrangère et viennent
d'un pays où le genre d'exercice auquel on veut les astreindre est inconnu. Elles devront apprendre à associer l'idée
de promenade et l'idée d'un minois provoquant. Qui le
leur apprendra? Et en attendant, que se passera-t-il? Rien !

D'ailleurs on ne peut échapper à ce dilemme : entre
les molécules à remplacer et celles qui les remplacent, il
y a de l'analogie ou il n'y en a pas. S'il y en a, à quoi bon
la substitution? et s'il n'y en a pas, quel résultat utile
peut-on en recueillir?

Mais il n'y en a pas. Et la théorie de l'oxygène ravisseur, cette théorie qui rend si facilement compte de la
destruction, laisse la réparation inexpliquée et inexplicable.

Je m'arrête. J'en ai dit assez pour donner à entendre
que, selon ma manière de voir, la permanence psychique
implique une permanence substantielle.

Oh ! je n'ignore pas les difficultés du sujet et je compte
m'y appesantir. La cellule œuf est déjà l'individu ; et pourtant cet œuf va grandir, cette cellule va se multiplier, il y
en aura bientôt deux, puis quatre, puis huit, puis enfin
des milliards. Où sera donc la substance permanente?

a faite et qu'il a curieusement commentée dans la *Revue scientifique* (année 1876, livraison du 8 juillet, page 42).

De plus, chacune des nouvelles cellules a néanmoins un caractère individuel et une existence à certains égards indépendante. Beaucoup d'entre elles semblent même ne sacrifier qu'une part bien minime de liberté, si elles le font. Dans le sang circulent de véritables animaux, les globules blancs, qui ne se font pas faute d'avaler ce qu'ils trouvent à leur portée et à leur convenance, voire des globules rouges et parfois leurs semblables. Leur identité est-elle indispensable à l'identité du tout?

On a depuis longtemps, et avec raison, comparé l'organisme à une société où règne à outrance le principe de la division du travail. Cette société, dit-on, subsiste bien que les sociétaires changent. L'argument n'est pas péremptoire : elle n'en subsisterait que mieux, si les sociétaires ne changeaient pas. Une loi naturelle les fait disparaître tour à tour, et c'est pourquoi la perpétuité se réfugie dans des mœurs ou des statuts confiés à la garde des générations successives. Or, c'est précisément la nécessité de cette loi naturelle qui nous occupe en ce moment.

Pour sortir de ces difficultés, il nous faut distinguer entre l'adolescent et l'adulte. La question se présente en effet différemment pour l'être incomplet qui est en voie de se compléter, et l'être parfait qui ne peut plus que dépérir.

Celui-ci, en effet, change peu, du moins en apparence ; tandis qu'il y a un écart immense, tant pour la matière que pour la forme, entre l'œuf et l'individu dont la croissance est achevée. Ce qui a trait à la naissance et à l'adolescence viendra dans le second chapitre. C'est sur l'adulte et sa composition que notre attention va pour le moment se diriger.

III

LA COMPOSITION DE L'ADULTE.

Sommaire : Valeur des expériences ayant trait au renouvellement du corps des animaux. — Les faits semblent contredire la conclusion qu'on tire de ces expériences. — La matière fluente, l'héritage et l'épargne.

L'identité de l'animal pendant son existence d'adulte tient donc, selon la raison, à la permanence d'une certaine substance, matière ou force, ou mieux, pour ne pas rester dans l'abstraction, d'un certain mécanisme. Je distinguerai plus tard dans ce mécanisme deux parties, une partie de formation ancienne, une autre de formation récente, la première transmise avec le germe, l'autre créée par le sujet lui-même.

Qu'il y ait dans le corps des animaux des parties immuables, c'est ce que l'expérience semble contredire. Par exemple, on a nourri des chiens avec de la garance et l'on a trouvé que leurs os mêmes devenaient rouges. On a imprégné leurs aliments d'huile de lin, et l'on a retrouvé de l'huile de lin dans tous leurs tissus. On a fait ensuite la contre-épreuve. On a modifié leur régime, et l'on a vu la garance ou l'huile de lin s'éliminer peu à peu et les tissus reprendre leur aspect normal.

Je n'ai garde de mettre en doute ces résultats, et j'accorde sans difficulté que, si l'on pouvait faire avaler du pétrole à un chien, on aurait chance de retrouver du pétrole dans tous les organes, peut-être même dans ses poils et ses griffes. Mais qu'est-ce que cela prouve? Uniquement que les tissus sont ou poreux ou susceptibles de s'imprégner de certains liquides. Ils les garderaient même que l'on ne pourrait de ce fait rien conclure de précis. Le papier se tache par l'huile et par l'alcool. La première reste, le second s'évapore; ni l'une ni l'autre n'a jamais fait partie de la substance du papier.

Certes il y a d'autres expériences et d'autres preuves. Il y a un système circulatoire jusque dans les os, et, quand on observe au microscope un infusoire, on voit des particules s'en aller et d'autres les remplacer. En pareille matière, l'expérience ne pourra jamais fournir de preuves inattaquables. L'observation ne pourra jamais atteindre les dernières particules, et l'on sera toujours libre de nier l'universalité des changements partiellement constatés. Il suffit en effet qu'un grain de matière subsiste pour que l'opinion que je défends soit sauve. Or, qui voudrait prendre sur lui d'établir que ce grain n'existe nulle part.

Je dis qu'un grain suffit. En effet, voyez l'œuf humain, une simple cellule! Or, cette cellule renferme en elle-même toutes les déterminations de l'espèce et, plus que cela, toutes celles de la race, de la nation, de la famille. L'enfant qui s'en développera, aura les cheveux blonds ou noirs, les dents bien ou mal rangées, les doigts longs ou courts, il gagnera certaines maladies à un âge fixé à l'avance, il sera prédéterminé à la goutte, aux maladies de cœur ou à la phtisie. Avec la permanence de cette cellule, ou d'une cellule de la même importance, on en a plus qu'il ne faut pour constituer l'identité psychique de tout individu humain.

Mais il n'y a pas seulement des raisons théoriques ou des fins de non-recevoir à opposer à la doctrine du flux absolu de la substance corporelle. Il y a aussi des faits. Les dents poussent et croissent; mais éprouvent-elles un renouvellement de substance? La goutte, le rhumatisme, le traumatisme s'expliquent-ils bien dans l'hypothèse que je combats? Les troubles de la parole si variés et d'ordinaire inguérissables ne démontrent-ils pas, clair comme le jour, l'existence d'un mécanisme, en grande partie d'acquisition, compliqué et délicat, dont les moindres rouages une fois endommagés ne se réparent pas? Comment se déferaient-ils et se referaient-ils à tous les instants? Les physiologistes ne sont-ils pas portés aujourd'hui à croire que dans les muscles, une fois formés, le nombre des fibres n'augmente plus? qu'elles peuvent grossir, mais non se multiplier par voie de division? De là à soupçonner qu'ils ne se renouvellent pas, il n'y a pas loin. Ne sait-on pas d'ailleurs qu'une fibre, déchirée ou détruite dans une partie de son étendue, ressoude ses extrémités séparées, mais avec du tissu conjonctif et non avec de la substance musculaire? Et la fibre dévorée par la trichine n'est-elle pas perdue sans retour?

Est-il bien sûr que le squelette ne cesse de se détruire et de se reformer dans toute sa masse? Est-ce que nous ne voyons pas la vie circuler et imprégner de sève le bois de l'arbre qui pourtant n'est sujet à aucun changement substantiel? Est-ce que la coquille du colimaçon, les valves de l'huître se renouvellent? Est-ce que les os ne s'altèrent pas à la longue?

Et puis, à quoi bon cette destruction et cette reconstruction du squelette? Faudrait-il encore une fois accuser l'oxygène de ce méfait?

Il ne serait pas à la rigueur impossible de s'assurer par l'expérimentation de ce qui en est. On sait que les poules qu'on prive de chaux, pondent des œufs sans coquille. Un enfant auquel on refuserait des carbonates et des phosphates calcaires, deviendrait immanquablement rachitique. Il s'agirait seulement de savoir si l'adulte a encore besoin de cette même quantité de calcium et de phosphore, et si, par exemple, on ne pourrait la réduire dans des proportions notables, sans qu'il en souffrît. Le coq n'a pas les mêmes exigences que la poule. Il n'y a rien que de plausible à admettre que l'adulte n'a pas celles de l'enfant.

Mais c'est assez raisonner. Je reconnais aussi bien que n'importe qui le peu de solidité de cette argumentation purement négative. Si je pouvais montrer à la pointe du scalpel ou sous le microscope une partie de substance vivante non renouvelable, cette simple démonstration vaudrait plus que des volumes de syllogismes. Mais enfin, comme je viens de le dire, cette preuve expérimentale ne peut être que difficilement faite. Forcé est donc bien de s'appuyer sur une logique quelque peu abstraite.

De tout ceci il résulte que chez l'adulte, à côté de la matière fluente, destructible et réparable, il y a une matière' fixe et immuable par où s'explique son identité. Cette matière comprend, d'une part, ce que j'appellerai l'héritage, auquel dans un autre ouvrage j'ai donné le nom de noyau [1] — c'est le siège des instincts et des prédispositions transmises par voie de génération; — d'autre part, ce que je nommerai l'épargne — c'est le siège de l'intelligence, de la mémoire et des habitudes acquises. L'action réciproque de ces trois composantes conditionne la vie individuelle et le perfectionnement de l'espèce. Par elle aussi s'explique la mort. C'est ce que nous allons voir.

IV

LA MACHINE ANIMALE, LA VIEILLESSE ET LA MORT.

Sommaire : Ressemblances et différences entre les machines vivantes et les machines fabriquées. La solidarité des parties. — Comme la machine fabriquée, la machine vivante ne travaille qu'en consommant de la force; elle ne sait qu'une chose, mais elle la sait bien; elle est sujette à usure et, par suite, à la mort.

La matière fixe et immuable forme le mécanisme. Dans ce mécanisme il y a des parties anciennes, et d'autres qui, de création récente, sont de véritables perfectionnements plus ou moins ingénieux, souvent utiles, parfois devenant par la suite des temps inutiles ou même nuisibles.

1. Voir le *Sommeil et les Rêves*, p. 152 et suiv.

La machine vivante ressemble à celles que nos mains fabriquent. Elle en diffère à première vue en ceci qu'elle doit fonctionner sans relâche sous peine de périr. Mais si l'on poursuit minutieusement la comparaison, on verra que, même à cet égard, l'assimilation se justifie. A défaut de soins assidus, nos mécaniques aussi, si elles se reposent, se détériorent, les unes lentement, les autres rapidement. D'un autre côté, il y a bon nombre d'organismes, même très élevés, qui peuvent se conserver plus ou moins long-temps sans aucunement travailler. Citons les rotifères et les tardigrades parmi les infusoires; chez les vertébrés, les animaux hibernants dont il serait facile de prolonger presque indéfiniment la vie en les exposant au froid, les léthargiques et, au nombre de ceux-ci, les fakirs indiens. On pourrait dire à la rigueur que cette partie de l'animal qui constitue la machine, n'est pas vivante, puisqu'elle n'est pas changeante.

Une particularité de la machine vivante, c'est la soli-darité des parties. Toute atteinte grave à l'une d'entre elles amène la décomposition des autres. L'organisme une fois mort de mort naturelle, aucune de ses molécules n'est plus susceptible de vivre. C'est comme une larme bata-vique qui se pulvérise quand on en brise la queue. Cela provient de ce qu'il n'est pas une simple juxtaposition, mais bien une combinaison d'éléments. C'est comme une voûte dont on ne peut distraire une pierre sans qu'elle s'écroule. Telle est aussi la molécule chimique. Cependant, comme on va le voir, même en ceci l'analogie reparaît. On peut conserver vivants des mécanismes partiels pen-dant un temps relativement considérable.

Mais en trois points surtout l'analogie est frappante. Premièrement, la nécessité pour toute machine de ne travailler qu'à la condition de consommer de la force. La montre, pour se maintenir en mouvement, doit être de temps à autre remontée. Dans le ressort on emmagasine

une provision de force, et, quand elle est épuisée, il faut
la remplacer. Nos machines à vapeur, pour donner du
travail, consomment du charbon. La vapeur d'eau produite
par la combustion vient agir alternativement sur les deux
faces du piston, lui imprime un mouvement de va-et-vient
qui met en marche maint rouage. L'eau vaporisée, le
charbon consumé, la machine s'arrête. C'est ainsi que le
mécanisme animal fonctionne. En tant que mécanisme et
considéré en lui-même, il n'a besoin de rien ; ce qu'il faut,
entretenir, c'est son mouvement, et la source de l'entretien
de son mouvement est dans la nourriture. La nourriture
est chargée de force ; les éléments dont elle se compose
sont autant de petits ressorts tendus qui mettent les organes en branle.

Secondement, le mécanisme ne sait faire qu'une chose,
mais il la fait bien et sans effort : il est infaillible. Tant
qu'on jette du combustible dans son foyer ou qu'on tourne
la manivelle et tant qu'il est en bon état, il fonctionne avec
une régularité imperturbable : le laminoir lamine, la machine à coudre coud, la machine à tisser tisse, la montre
marque les heures, et l'orgue de Barbarie joue son air. De
même le cœur bat, l'estomac digère, le foie sécrète de la
bile, et les reins de l'urée. La machine vivante est, à proprement parler, un atelier où il se fabrique beaucoup de
choses dont chacune est nécessaire pour chacun des métiers
qui le composent. Ces métiers savent marcher en l'absence
de toute direction. C'est ce qui arrive chez les somnambules,
les hystériques, chez les déments, les aliénés automates,
voire chez des décapités. Bien plus, ils sont tellement stylés
pour une besogne assignée qu'ils peuvent travailler indépendamment de l'ensemble. Le cœur extrait continue à
battre, l'estomac à digérer, le muscle à se contracter.
Cependant la solidarité de l'ensemble paraît être une condition indispensable du bon état et de la longue conservation des diverses pièces.

Il existe enfin une troisième analogie entre nos machines

et les machines vivantes : elles sont sujettes à l'usure et
deviennent à la longue impropres à tout usage.

Et voilà pourquoi tout ce qui vit vieillit et meurt; la
mort n'a pas d'autre cause. Ajoutons qu'il ne nous paraît
pas qu'elle puisse avoir d'autre explication de fait. Celle que
nous donnons attend toutefois un complément : comment
se forme le mécanisme? c'est ce que nous verrons plus loin.

L'organisme est un orchestre dont chaque instrument
joue sa partie sous la direction d'un chef. Mais l'exécution
du morceau finit toujours par être entravée, parce que
telle corde, à force de se détendre et d'être retendue, se
rompt, parce que les cuivres se bossellent, les bois se fen-
dillent ou se démanchent.

On dira qu'on sait remettre une corde, faire disparaître
une bosse, boucher une fente. Cette observation sera tantôt
examinée. Toujours est-il que l'orchestre doit s'arrêter.

Voyez ce qu'il advient de tous nos organes. Au sortir à
peine de l'adolescence, ils manifestent des signes de dété-
rioration. La faculté d'accommodation de l'œil décroît,
les muscles se raidissent, les articulations s'ossifient, le
squelette devient cassant et friable, les organes générateurs
se calment et se flétrissent, la digestion s'alourdit, la circulation se ralentit et la respiration s'accélère. A peine
arrivés au faîte, nous devons descendre; à peine sortis des
langes, nous marchons à la mort. La maison à peine
construite, le soleil, les froids, les pluies, la sécheresse et
les vents s'acharnent à la rendre inhabitable. Ce n'est pas
sans raison que M. Minot fait dater la décrépitude de l'âge
de puberté [1].

---

1. Je ne sais plus dans quel ouvrage M. Ch. S. Minot a émis cette
pensée. Je connais de cet auteur ses *Recherches sur la croissance et
la mort* dont un résumé a paru dans les *Proceedings of the Society
of arts*, séance du 10 janvier 1884. Dans ces recherches il insiste sur
cette idée que « il paraît probable que la *sénescence* est un trait
distinctif de la vie, et trouve son expression dans la perte graduelle
des pouvoirs fonctionnels de l'organisme, perte dont nous ne connaissons pas le caractère essentiel et encore moins la cause ».

V

L'ÉPARGNE.

SOMMAIRE : L'épargne est destinée à devenir le siège de la mémoire
et des habitudes acquises. — Elle est l'instrument de l'expérience, et sert à la complication ultérieure du mécanisme.

Tel est tout organisme vivant. Mais ce n'est cependant
pas une simple machine.

L'ouvrier qui l'habite l'a reçue telle quelle en héritage.
Chose étrange et mystérieuse! il ne sait comment elle lui
vient, de quelles parties elle se compose, ni quel en est
l'agencement [1]; néanmoins il sait d'instinct la conduire,
l'alimenter, la surveiller. Bien mieux il sait l'améliorer, la
perfectionner, et se créer des ressources pour parer à certaines éventualités. Je veux parler de l'épargne disponible,
encore indéterminée, siège primitif de l'intelligence et de
la volonté libre, et, par destination, celui de la mémoire
et des habitudes acquises, qui ne sont autre chose que de
l'intelligence et de la volonté fixées.

C'est par elle que l'individu évolue vers le perfectionnement ou la dégradation. C'est de la substance instable
qui attend son emploi. Elle peut devenir ceci ou cela; une
fois employée, elle ne sera plus apte qu'à certaines choses,
elle sera fixée, ou, si je puis forger un mot, machinalisée;
elle fera des calculs ou des observations microscopiques,
jouera au baccara ou courra le monde. Et comment se fixe-
t-elle? sous l'action des choses extérieures et de la volonté.

---

1. J'ai lieu de croire que cette ignorance est plus apparente que
réelle. C'est l'intensité et l'importance de la vie de relation qui nous
enlèvent la connaissance de la vie végétative. Les merveilleux phénomènes dus au somnambulisme, surtout en thérapeutique, me
paraissent tenir à la suppression de la conscience du monde extérieur jointe à l'éveil de la conscience du monde intérieur. (Voir sur le
sens du mot conscience *le Sommeil et les Rêves,* p. 19.)

Exemple. Ma rétine, avant qu'elle ait subi l'action de la lumière, n'est que de la substance sensible — on dirait en style de photographe, sensibilisée. Comme telle, elle est apte à voir un bœuf, un chien ou une mouche. Elle n'a pas une prédilection particulière pour un genre d'image plutôt que pour un autre. Un bœuf passe; l'image se fait et, en même temps, la substance rétinienne a subi une transformation interne ou moléculaire; elle s'est combinée avec des rayons lumineux. La voilà désormais inhabile à voir. Cette modification va maintenant se transporter au cerveau par l'intermédiaire des nerfs, soit comme par un fil télégraphique, sans altération de la substance nerveuse; soit comme l'étincelle se propage à travers un cordon d'amadou, modifiant et détruisant la substance du nerf — peu nous importe, c'est affaire aux physiologistes de nous instruire à cet égard. Mais, quoi qu'il en soit du mode de propagation, cette impression rétinienne s'arrête quelque part, dans l'une ou l'autre cellule du cerveau, si l'on veut; elle y crée des connexions, des relations qui n'existaient pas auparavant. Elle s'y fixe. Désormais cette partie du cerveau a son rôle bien marqué : quand elle s'ébranlera, elle verra un bœuf. Quant à la substance rétinienne qui a servi, elle doit s'éliminer. Il s'en reformera une nouvelle aux dépens de la nourriture, selon la manière dont il a été parlé précédemment.

L'enfant dans le sein de sa mère élabore la substance cérébrale destinée à devenir le siège du langage. L'élève-t-on loin de toute société parlante, il ne parlera pas; tout au plus l'instinct lui fera pousser des cris plus ou moins articulés. Le place-t-on dans un milieu où l'on parle, sous l'action mystérieuse des mots qu'il entend, l'épargne jusqu'ici sans emploi se dispose en un mécanisme des plus compliqués qui pensera et s'exprimera en français, anglais, allemand, russe ou italien; et si cet enfant veut plus tard apprendre une autre langue, ce ne sera plus qu'avec l'aide des portions non encore utilisées de cette même épargne.

Voici de même un bras sans aptitude aucune. La volonté va le guider et l'instruire, il sera graveur, dessinateur
ou pianiste. Et finalement, il fera de lui-même et sans
conseil ce qu'on requiert de lui. La volonté est comme les
bons maîtres qui travaillent à se rendre inutiles, et dont
l'unique ambition est de se retrouver tout entiers dans
leurs élèves. Elle discipline les muscles et coordonne les
mouvements. Il suffit à l'instrumentiste de jeter les yeux
sur la musique pour que ses doigts l'exécutent.

Comment se fait cette éducation des muscles et des
nerfs? Comment leur substance s'assouplit-elle? Quelle
différence y a-t-il entre un muscle ou un nerf sans habitude et un muscle ou un nerf habitué, ou bien, pour spécifier, entre les doigts d'un violoniste et ceux d'un pianiste?
— questions précises et ardues auxquelles l'avenir, n'en
doutons pas, trouvera bien une réponse.

Grâce à cette substance instable disponible, l'animal
peut répondre aux excitations du dehors, sortir d'affaire
lorsqu'il se présente des circonstances nouvelles et impré-
vues, tirer des règles d'expérience pour l'avenir.

L'expérience n'est qu'une coordination de mouvements
fixée. Je retire ma main du feu avant que je sente la douleur, parce qu'autrefois je l'ai retirée sous l'action de la
douleur. Ce n'est pas que, rigoureusement parlant, je ne
la sente pas aujourd'hui et que l'expression « avant la
douleur » soit absolument exacte. En réalité, il y a un
commencement de douleur, mais ce commencement a sans
cesse tendu dans le cours de ma vie à se réduire le plus
possible. L'enfant dans son berceau crie. Il se tait quand
on le prend. Bientôt il criera pour qu'on le prenne. C'est
ainsi que la sensibilité se transforme peu à peu en simple
irritabilité. Le mécanisme vivant n'est plus qu'irritable;
la sensibilité s'en est, peut-on dire, absolument retirée.

Je heurte ici les idées qui ont généralement cours; je
renverse les rapports de parenté, assignant la dignité de

mère à celle qu'on prend d'ordinaire pour la fille. L'avenir dira de quel côté est la vérité.

On peut donc, dans la substance nerveuse, distinguer la portion déjà utilisée de la portion encore disponible. C'est, sans doute, par l'existence de celle-ci, notamment dans le cerveau, qu'on peut s'expliquer ces lésions graves, ces déperditions de substance blanche ou grise, qui semblent ne porter aucune atteinte à la mémoire et aux facultés intellectuelles. Un richard peut faire de grandes pertes sans devoir pour cela diminuer son train de maison. Seulement il n'aura plus la même faculté de lui donner de l'extension. C'est de cette manière encore que se comprend, surtout chez les sujets jeunes le rétablissement de fonctions abolies à la suite de l'altération et de la perte même de leur organe. On a vu, dit Kussmaul [1], des enfants chez qui était détruite une notable portion du centre gauche du langage et même le manteau de tout l'hémisphère gauche apprendre encore à parler alors que la destruction d'un petit noyau cérébral frappe de vieilles personnes d'une inphasie incurable.

La substance instable sert ainsi à la complication ultérieure de la machine, les nouvelles pièces ne seront autre chose que de l'intelligence et de la volonté machinalisées. Or, puisque nous pouvons nous exprimer ainsi sur leur compte, nous pouvons aussi regarder le mécanisme transmis par génération comme étant l'intelligence et la volonté de nos ancêtres.

C'est de cette façon que l'intelligence va s'affinant, parce qu'elle a de jour en jour à sa disposition des organes plus perfectionnés.

La variété des choses qu'ils savent faire d'eux-mêmes est inouïe. On touche tel ou tel bouton, et les voilà en mouvement. Ainsi s'expliquent les merveilleux effets de l'hypnotisme.

1. *Les troubles de la parole,* chap. XXXI, *ad finem.*

Si cela est vrai — et nous avons tout lieu de le croire — nous valons plus que les anciens, non pas en ce sens que ce qu'ils ont fait a moins de valeur que ce que nous faisons, puisque leurs œuvres servent de fondement aux nôtres, mais en ce sens que si, par impossible, un Aristote ou un saint Thomas d'Aquin pouvaient revenir au monde tels qu'ils ont été de leurs temps, ils ne seraient peut-être que des esprits des plus médiocres. Leurs cerveaux seraient rétifs à comprendre mille choses que nous saisissons sans peine. Peut-être se refuseraient-ils à adopter le système de Copernic. N'allons donc pas leur demander des lumières en toutes choses.

VI

LA MATIÈRE FLUENTE ET LA FORCE RÉPARATRICE.

Sommaire : La matière fluente a une double propriété : elle est surtout formatrice dans les premiers âges, motrice dans les âges subséquents. — La faculté réparatrice. — La machine animale ne peut se réparer totalement elle-même. — Procédés de réparation. — Entre l'indifférence absolue de l'épargne disponible et l'automatisme absolu de certains organes, il y a tous les degrés imaginables. La matière irréparable est aussi celle qui meurt.

La matière fluente, c'est la nourriture, c'est le combustible, c'est la force qui met le mécanisme en mouvement. Elle se consume et doit se reconstituer sans cesse. Des appareils mécaniques travaillant automatiquement l'élaborent pour les autres appareils et pour eux-mêmes.

Il ne faut pas confondre, avons-nous dit, la vertu formatrice de la nourriture avec sa vertu motrice. Comme moteur, elle se transforme en sécrétions et en excréments ; comme matière plastique, elle devient tissu ou épargne. En elle-même, elle n'a pas de disposition pour devenir ceci ou cela ; mais les éléments déjà formés dans la sphère desquels les vaisseaux l'ont portée, l'attirent à eux et l'accaparent à leur profit. Ce sont eux, à proprement parler, qui la façonnent suivant un certain modèle, et l'emploient conformément au plan qu'ils ont en eux-mêmes. Mais voici ce qui arrive. Après qu'ils ont mis au jour leur œuvre architecturale, ils ont, la plupart du temps, perdu leur faculté créatrice, qui s'est fixée en leur ouvrage, et si on le détruit, ils ne peuvent le recommencer. Parfois cependant ils gardent le pouvoir de réparer les accidents qui surviennent.

Le fait est bien connu. Dans les animaux tout à fait inférieurs, dans les hydres d'eau douce, par exemple, si tout ce qu'on en dit est exact[1], ce pouvoir existe au plus haut degré. On les coupe en deux, et chacune des deux moitiés est en état de reproduire un animal complet.

Chez les batraciens, les phénomènes de réparation sont patents. La queue, les pattes, les yeux même des tritons repoussent presque aussi souvent qu'on les enlève. J'ai vu un jeune axolotl de cinq centimètres, que j'élevais avec sollicitude, réparer de terribles pertes. Je l'avais eu tout petit et l'avais nourri longtemps de daphnies. Il prospérait à vue d'œil. Un jour je capturai un chabot et j'eus la malencontreuse inspiration de le donner pour camarade à la salamandre mexicaine. Le lendemain matin, ô douloureuse surprise ! elle n'avait plus que la tête, un bras et la moitié du corps ; tout le train de derrière, à savoir la queue et les deux pattes, plus un des bras, avaient été dévorés par le féroce chabot. Je ne dirai pas que mon axolotl ne s'en porta pas plus mal ; mais il est certain qu'au bout de quelques mois, son corps était refait au point qu'il n'y paraissait rien.

Dans les animaux supérieurs, la force réparatrice est encore manifeste. Les os fracturés repoussent, ainsi que la

---

1. Je ne sache pas qu'aucun observateur ait refait toutes les fameuses expériences de Tremblay. Quant à moi, je ne puis me défendre d'un certain doute à l'endroit de la réalité de quelques-unes d'entre elles.

peau, bien qu'assez mal. La moelle épinière elle-même a la faculté de se régénérer. Le fait n'est plus douteux.

Mes collègues, MM. Masius et Vanlair, ont fait des expériences décisives sur la régénération de la moelle chez le chien. Ils en avaient enlevé un mince disque quelque part, et le mouvement de la queue, momentanément aboli, a reparu. A l'autopsie, la moelle se montra reconstituée.

Bien mieux, certaines parties du cerveau, peut-être, sont susceptibles de se recréer. M. Hector Denis, professeur d'économie politique à l'université de Bruxelles, avait pris en pension des pigeons auxquels M. Héger, son collègue et professeur de physiologie, avait enlevé les hémisphères cérébraux. On sait qu'à la suite de cette ablation, ces pauvres animaux sont profondément stupides et incapables de mouvements, sinon sous une puissante excitation. Or, un beau jour, un de ses pensionnaires s'est envolé du pigeonnier et est allé se percher sur un des murs du voisinage. Quand on voulut le ressaisir, il prit de nouveau son vol, et on ne l'a plus revu.

Depuis ce jour, M. Denis observa avec le plus vif intérêt les faits et gestes de son compagnon qui fut l'objet des soins les plus attentifs. L'animal, qui ne buvait jadis que si on lui versait de l'eau dans le bec, en arriva à boire lorsqu'on le lui plongeait dans le vase; ensuite, à la seule vue du vase; et enfin, il savait s'en rapprocher de lui-même quand il avait soif. Les observations n'allèrent malheureusement pas plus loin; un maudit chat y coupa court [1].

Donc la matière, siège de l'intelligence fixée, peut être gravement lésée ou détruite, et se remplacer. Je dis remplacer et non se réparer. A plus forte raison est-il probable qu'il en est ainsi de la matière instable, encore disponible; ceci n'a rien d'incompatible avec la théorie. Notons cependant que la première ne se reforme pas toujours sans aide.

1. Cette observation est si intéressante et si grosse de conséquences que l'expérience mériterait d'être renouvelée.

Les pigeons dont je parle n'étaient pas en état de chercher leur nourriture, ni même de la prendre quand elle était devant eux. Seulement, nourri avec soin et on pourrait presque dire artificiellement, l'organisme s'est trouvé capable de refaire ce qu'il avait fait une première fois, à savoir un mécanisme de conservation — à moins peut-être qu'il n'y ait ici un nouvel exemple d'utilisation d'une portion encore disponible de l'épargne.

D'un autre côté, cette faculté réparatrice est évidemment limitée. Une patte de salamandre repousse, mais la tête ne repoussera pas, ni le cœur, ni les reins, ni le foie. Chez les animaux supérieurs, les mutilations les moins graves, l'ablation d'une simple phalange, sont irréparables. Les cicatrices, les traces d'une blessure, d'une brûlure, d'un bouton comme ceux du vaccin, d'une piqûre de sangsue persisteront toute la vie.

De tout ceci il résulte qu'il y a chez l'individu une manière de noyau, un centre autour duquel viennent se grouper des molécules qui servent à leur tour de centres secondaires. Dans les animaux inférieurs, ce noyau n'est pas toujours apparent, et il arrive que le centre est, peut-on dire, presque partout. Tel est le cas de l'hydre. Aussi des blessures, dont la moindre tue infailliblement un animal élevé sur l'échelle zoologique, ont l'air de ne leur faire aucun tort.

Il n'est donc pas facile actuellement de délimiter, de définir ce noyau ou, si l'on aime mieux, ce squelette, ce support fondamental et central auquel on ne peut toucher sans détruire l'intégrité de l'individu ou même sa vie. Force nous est bien cependant de reconnaître que la plupart des êtres, sinon tous, quand ils ont atteint un certain degré de développement, ne sont plus en état, s'ils viennent à subir de certaines mutilations, de reconstituer la partie enlevée, et que la mutilation ne peut porter sur certains organes sans compromettre le tout.

La machine animale a donc ceci de commun avec nos machines artificielles qu'elle ne se répare pas elle-même. Dans celles-ci, il est vrai, quand un boulon tombe ou qu'une tôle se fendille, l'on mettra un autre boulon, un autre morceau de tôle. Mais ce nouveau boulon, cette nouvelle tôle ont été confectionnés par une autre machine.

Dans le corps vivant, les choses se passent de même ; mais attendu que les parties y sont aussi des machines, elles peuvent parfois se prêter un secours momentané. C'est ainsi que dans ces vastes usines composées d'ateliers divers, tel ou tel ouvrage d'un atelier forcé de chômer peut être remis à un autre. Aussi, à quelque moment de son développement qu'on le prenne, à sa naissance, dans son adolescence, dans son âge mûr, l'individu a toujours en lui des organes essentiels qu'il a pu former une première fois, qu'il ne peut former une seconde fois, et que néanmoins on peut entamer de telle façon que la brèche se répare.

Je voudrais préciser ma pensée et crains de le faire. Je m'y risque toutefois. On peut se représenter l'organisme comme se développant sphériquement autour d'un centre. Considérons un rayon de cette sphère et supposons qu'on y fasse une brèche. Des deux tronçons, celui qui restera en communication avec le centre continuera à vivre de sa vie propre, et, à la rigueur, rien ne s'oppose à ce qu'il bourgeonne comme il a bourgeonné une première fois, et continue à s'acheminer vers la périphérie sans que rien y paraisse, à part quelques perturbations inévitables provenant d'un affaiblissement de sa puissance.

Quant à l'autre tronçon, il sera libre de se prolonger comme il avait commencé de le faire, ou tout au moins de continuer à vivre, si la nourriture lui est fournie en quantité convenable par les parties avoisinantes ; mais il est incapable de recroître en s'étendant vers le centre dont il est détaché ; ce serait contraire à la loi de son développement.

S'il lui est donné par conséquent de végéter jusqu'à ce qu'il soit rejoint par son autre moitié, la brèche sera réparée. C'est par cette voie que s'est reconstituée la moelle des chiens opérés par MM. Masius et Vanlair. Quand, au contraire, la brèche et les connexions seront de telle nature que le tronçon extérieur ne puisse pas vivre assez longtemps pour que la jonction et la soudure se fassent, dans ce cas, il est condamné à mort.

C'est pourquoi le tronc peut refaire les membres; mais les membres ne refont pas le tronc, à moins qu'il ne s'agisse d'une individualité apparente comme celle que présentent les arbres. Quelquefois cependant l'apparence peut être extraordinairement trompeuse. C'est ainsi que, chez certaines étoiles de mer (genre *Ophidiaster*), un bras isolé reproduit l'animal tout entier. Mais au fond, ainsi que M. Hæckel l'a montré[1], le bras doit être considéré comme un tronc donnant naissance à un disque, puis à quatre ou cinq autres bras, de sorte que ce que l'on regarde comme l'animal, se compose au fond de cinq ou six animaux semblables et symétriquement réunis par la bouche. Les bras se détachent naturellement; la ligne de fissure est parfaitement marquée. C'est un cas remarquable de génération alternante.

Ces considérations nous expliquent pourquoi et comment l'on meurt à la suite de lésions graves ou d'affections locales. Le cœur est-il blessé, le sang cesse de circuler dans les autres organes et ceux-ci, de proche en proche, arrêtent leurs fonctions. Mais, si l'on pouvait entretenir artificiellement la circulation pendant un temps suffisamment long, il est possible qu'en vertu de sa force propre, le cœur, toujours vivant, parviendrait à réparer sa blessure.

On sait que les animaux empoisonnés par le curare finissent par se remettre, si l'on entretient en eux la respi-

---

1. *Die Kometenform der Seesterne und der Generationswechsel der Echinodermen*, extrait de la *Zeitschrift für wissenschaftliche Zoologie*, XXX, suppl., p. 424 et suiv. Voir aussi *Revue scient.*, 7 mai 1887.

ration artificielle. Et c'est sans doute de la même façon, grâce aux soins dont il fut l'objet, que le pigeon de M. Denis récupéra une partie de son intelligence.

Seulement, qu'on le remarque bien, l'artifice est nécessaire ; et cette nécessité même prouve l'unité et la solidarité des parties d'un organisme, bien que ces parties constituent elles-mêmes des espèces d'unités inférieures ayant une certaine part d'indépendance. C'est ce dernier trait sans doute qui a permis à mon ami, M. Ed. van Beneden, de tenir devant l'Académie de Belgique [1] le langage suivant dont la hardiesse pourra paraître à plusieurs excessive :

« Des difficultés pratiques s'opposent à ce que l'on transporte des cœurs, des cerveaux et, à plus forte raison, des têtes d'un animal à un autre ; à ce que l'on compose de toutes pièces un animal au moyen d'organes enlevés à une série d'individus différents ; mais la notion de la vitalité propre des cellules enlève toute difficulté théorique à de semblables reconstitutions. »

Nous avons vu comment se créent les habitudes et, par suite, comment se sont formés les instincts, et l'automatisme réflexe.

Entre l'indifférence absolue (celle qui appartient à l'épargne disponible) et l'automatisme presque [2] absolu (par exemple, celui du cœur ou des reins), il y a tous les degrés imaginables. Nous concevons que la matière indifférente puisse se remplacer sans peine, et, inversement, que celle qui sert de support aux connexions réflexes et instinctives ne se prête pas à une substitution. Nous pourrions donc, provisoirement du moins, considérer celle-ci comme étant le véritable noyau vital, la partie essentielle de l'individualité, celle qui s'use irrémédiablement, vieillit et meurt,

---

1. *Bulletin de l'Académie de Belgique*, 1883, n° 12, p. 910.
2. Cette restriction me paraît commandée par les phénomènes hypnotiques auxquels je fais allusion dans une note du paragraphe précédent.

soit partiellement (les yeux, les bras, les jambes, etc.), soit en entraînant la mort de l'ensemble (le cœur, le foie, le cerveau, etc.).

Nous nous servons de ce mot noyau, parce que nous nous demandons si dans la cellule, et par conséquent dans les organismes unicellulaires, le noyau n'a pas cette importance; si ce n'est pas en lui que gît la véritable unité permanente de ces individus minuscules? On ne connaît pas la fonction du noyau. L'idée que j'émets n'a d'autre valeur qu'une simple conjecture. Toujours est-il que le noyau joue un rôle considérable dans les phénomènes de segmentation de la cellule.

CHAPITRE V

LA DIFFÉRENCIATION DES ORGANES

On vient de voir que la mort partielle ou totale est due à l'arrêt de fonctions essentielles et que toute fonction est localisée dans un mécanisme. La localisation est le fait d'une habitude invétérée. Quant aux habitudes, elles sont acquises ou bien innées, c'est-à-dire données dans le germe. Il nous reste par conséquent à nous rendre compte de la naissance des habitudes, et partant, de la localisation des fonctions. Comment s'est formé le premier mécanisme? Telle est la question réduite à ses termes les plus simples.

Pour y répondre, nous devons d'abord caractériser l'œuf et l'adolescent par opposition à l'adulte.

D'après cela nous tâcherons de nous faire une idée des animaux à organes non différenciés, et de nous expliquer l'apparition des organismes différenciés, c'est-à-dire composés de parties à chacune desquelles est dévolue une ou plusieurs fonctions déterminées.

Après quoi nous aurons à rendre intelligible, aussi bien que faire se peut, la transmission des fonctions dans le germe.

La réponse nous donnera quelque lumière sur l'avenir réservé à l'intelligence dans l'économie de l'univers.

I

L'ŒUF ET L'ADOLESCENT.

SOMMAIRE : L'œuf fécondé peut être assimilé à une molécule saturée.
— La tendance à l'évolution est un état de non-saturation,
impliquant psychiquement besoin et désir. L'animal adulte peut
être aussi assimilé à une molécule d'une complication infinie
qui va se désaturant et se ressaturant sans cesse. — L'identité
physique et psychique de l'œuf et de l'adulte tient à la matière
de l'œuf. — La vie passive et la vie active du germe. L'adolescent est un œuf qui marche et mange; c'est la chenille dont
l'adulte est le papillon.

Rien de plus difficile ni de plus dangereux que les définitions, c'est chose connue. Dans les sciences de faits, on a
raison de ne pas y attacher une grande importance. Mais
dans les sciences philosophiques, on ne peut les esquiver :
c'est par là qu'il faut commencer, ou c'est là qu'il faut
aboutir.

Nous nous sommes fait quelque idée de l'individu
adulte; nous savons que c'est une forme attachée à une
substance fixe, dans laquelle passe de la matière chargée
d'énergie à son entrée, dépouillée de son énergie à sa sortie.
Mais l'œuf fécondé est déjà l'individu; il n'est indéterminé
qu'en partie. Certes, dans le cours de son développement,
il est exposé à bien des vicissitudes; néanmoins, il porte
en lui le type de l'espèce, plus un caractère qui fera de lui
tel individu et non un autre; et si rien d'extraordinaire ne
lui survient, sa vie réalisera et ce type et ce caractère.

Le trait constant de tout ce qui vit, c'est d'apparaître
un jour et de disparaître, et toute définition du vivant
doit être conçue de façon à impliquer ces deux termes [1].

1. C'est ce qui manque, entre autres, à la définition de l'animal
donnée par CLAUS (*Traité de Zoologie*), trad. Moquin-Tandon :
« L'animal est un organisme libre, doué de mouvements volontaires

L'organisme à son origine peut être envisagé comme une molécule à l'état de saturation. Tels sont les spores et les graines des végétaux, les œufs des animaux même très élevés sur l'échelle zoologique. Dans cet état, leur permanence est, pour ainsi dire, indéfinie, elle l'est à coup sûr théoriquement. Certes, un œuf de poule fécondé, au bout d'un certain temps, ne sera plus susceptible d'être couvé avec résultat. Néanmoins toutes les analogies nous portent à croire qu'il y aurait moyen de prolonger sa vie latente beaucoup au delà des limites ordinaires. N'a-t-on pas conservé vivants pendant des mois entiers des globules du sang, et même pendant des jours et des semaines, certains organes ou des fragments d'organes tels que des queues, des pattes, des morceaux de cœur?

On peut, au moyen du froid, arrêter pendant longtemps le développement des œufs fécondés de batraciens et de poissons. C'est de cette façon qu'on a transporté le saumon dans les cours d'eau de l'Australie. Bisschoff a prouvé que l'œuf du chevreuil est fécondé en juin, subit la segmentation, puis arrête son développement qu'il ne poursuit que six mois après. MM. Ed. Van Beneden et Julin ont fait une remarque analogue concernant les chauves-souris [1]. Ces animaux s'accouplent en novembre; la chute de l'œuf peut se faire vers le commencement ou le milieu de l'hiver; il rencontre les spermatozoïdes, est fécondé, mais son développement subit un temps d'arrêt. Ce n'est qu'en avril que le développement embryonnaire commence.

Ces découvertes nous autorisent donc pleinement à avancer que même l'œuf humain fécondé pourrait, s'il

---

et de sensibilité, dont les organes se développent dans l'intérieur du corps, qui se nourrit de matières organisées, respire de l'oxygène, transforme les forces latentes en forces vives sous l'influence des phénomènes d'oxydation et excrète de l'acide carbonique et des produits de décomposition azotés. »

[1]. *Bulletins de l'Académie de Belgique*, et *Archives de biologie*, I, p. 551 : *Observations sur la maturation, la fécondation et la segmentation de l'œuf chez les Chéiroptères*, par Éd. Van Beneden et Julin.

était soustrait à certaines influences et situé dans un milieu convenable, garder intactes pendant longtemps ses propriétés évolutives, avec faculté de les manifester quand on le mettrait dans les conditions ordinaires et normales.

Ceux qui se sont livrés à des expériences de conservation ont fait cette remarque, qu'elles réussissent surtout avec des tissus qui ne sont pas encore arrivés à leur complet développement. C'est conforme à ce qui a été dit plus haut au sujet de la force réparatrice.

La vie de l'individu commence donc par être latente; c'est-à-dire par ne manifester aucun changement interne. Il est, comme je le disais plus haut, à l'état saturé.

Placez maintenant la cellule œuf dans certaines conditions de milieu — disons pour fixer les idées, de chaleur et d'humidité. Un changement se fera dans la position de ses atomes. Il en résultera ou bien ce qu'on appelle la destruction de la cellule — par exemple, sous l'action de la cuisson, et la destruction est elle-même un phénomène vital, — ou bien la tendance à l'évolution. Qu'est-ce en soi que cette tendance? Elle se caractérise, physiquement, par un état de non-saturation; psychiquement, par un besoin, et, puisque nous ne craignons pas de sensibiliser la matière, par un désir. Elle va présenter des pôles d'attraction et se mettre à croître.

Ce phénomène, on l'a rapproché avec justesse de celui de la cristallisation. Seulement qu'on ne confonde pas un rapprochement avec une assimilation. Des molécules de matière peuvent, suivant les circonstances, ne manifester aucune attraction, ou bien viser à constituer un cristal, à s'arranger d'une certaine manière autour de certains axes. Comment ce dernier phénomène s'explique-t-il? Par l'état de non-saturation de la molécule. Elle tend alors à se satisfaire; elle attire et groupe autour d'elle d'autres molécules, qui, à leur tour, pourront présenter des pôles attractifs; et le cristal ira grossissant toujours. On peut sursaturer un

liquide d'un sel en dissolution et, grâce à certaines pré-
cautions, le maintenir indéfiniment dans cet état. Mais
jetez-y un fragment de sel cristallisé, à l'instant, autour
de ce fragment, le liquide se prend en masse. Dans une
dissolution qui se refroidit, la cristallisation commence
souvent par un point autour duquel viennent se grouper
les molécules en excès. Ce premier élément présente des
pôles attractifs dont l'influence se fait sentir dans tout le
milieu.

Il y a des substances dont les cristaux peuvent croître,
semble-t-il, indéfiniment. Il en est d'autres où cette croissance a des limites. Ces dernières sont, peut-on dire, d'un
degré plus élevé sur l'échelle des corps; et en effet, ce sont
généralement des substances à composition complexe.

Les organismes se rattachent évidemment pour la
plupart à cette dernière catégorie. Les zoologistes et les
botanistes, qui savent au juste ce qu'est un polypier, ce
qu'est un arbre, et qui ne confondent pas une colonie avec
un individu, comprendront pourquoi j'ajoute les mots
« pour la plupart », qui ne sont mis là que pour aller
au-devant d'une objection possible, quoique peu fondée.

Le germe, une fois ébranlé, va donc, s'il est dans un
milieu favorable, grouper autour de lui une certaine quantité de matière jusqu'à ce qu'il se produise un nouvel état
de saturation relative. Telle est la phase de croissance qui
se termine par l'âge adulte.

Cette phase elle-même comprend deux périodes, l'une
où l'être est passif, période d'incubation, l'autre où il est
actif, et va lui-même à la recherche de sa nourriture ou
d'un milieu convenable.

L'adulte peut ainsi être considéré comme une seule
molécule d'une complication infinie. Elle met du temps à
se former, mais une fois achevée, une fois ses forces
latentes satisfaites et épuisées, elle ne vise plus qu'à se
maintenir. Seulement sans cesse attaquée et ébréchée,
elle est sans cesse aussi occupée à réparer ses blessures et

ses pertes; le travail même auquel elle est condamnée la détruit, et sa décomposition se prépare.

Cependant l'œuf et l'animal arrivé au terme de sa vie sont bien un seul et même individu. A quelle matière peut donc être attaché le caractère qui persiste à travers toutes les phases de l'existence? Il n'est pas possible d'hésiter sur la réponse : c'est à la matière de l'œuf, à cette matière imprégnée de forces potentielles qui produiront leurs effets quand l'occasion leur en sera donnée.

Prenons l'œuf de la poule comme exemple. Dans l'œuf en lui-même, il faut distinguer le germe et la provision de nourriture accumulée autour de lui.

Quoi qu'on en ait pu penser naguère encore, le germe est ainsi construit qu'il est déjà ce qu'il deviendra plus tard, et les recherches les plus récentes l'établissent presque sans conteste [1]. D'ailleurs la grande loi de la conservation ineffaçable des traces du passé, s'opposerait à ce qu'il en fût autrement. Quant au jaune et au blanc, c'est-à-dire la nourriture, seraient-ils peut-être, eux aussi, déjà déterminés en ce sens que telle partie deviendrait le foie, telle autre le rein, telle autre le cœur ou l'œil, c'est possible. Il appartient aux embryogénistes de trancher la question, et de s'assurer si l'on pourrait soustraire une portion quelconque de la substance de l'œuf, sans entraver gravement le développement normal de l'embryon. Pour notre raisonnement, nous pouvons partir de l'hypothèse assez probable que cette substance n'a pas encore de détermination. Au surplus, il fut un temps où elle n'en avait certainement pas, par exemple, au moment où elle fut prise, digérée et transformée par la mère.

Le germe est tranquille; il renferme à l'état latent ses puissances évolutives; il est relativement stable. Donnez-

---

1. Voir les récentes et magnifiques recherches d'Ed. Van Beneden sur *la maturation de l'œuf, la fécondation et la division cellulaire.* Paris, Masson, 1883.

lui de la chaleur, ses molécules se séparent, et des affinités nouvelles s'y montrent. Le travail d'agrégation commence : d'abord une division bilatérale, puis la séparation de l'avant et de l'arrière, et ainsi de suite. Mais il est clair que l'individualité n'est pas attachée à la matière attirée, à la matière nutritive, elle l'est uniquement à la matière attirante. Peu importe à celle-ci que l'albumine dont elle a besoin soit composée de ces atomes-ci ou de ces atomes-là, du moment qu'elle ne réclame de cette albumine que le mode d'union de ses atomes. Car les atomes sont idéalement identiques. Ce qui les différenciera toujours, c'est leur position dans l'espace [1], l'espace qui est la chose impénétrable par excellence, en ce sens qu'un lieu ne peut occuper un autre lieu. C'est ainsi que pour réparer nos forces, tout pain ou toute viande nous est bonne. Ce qui fera donc que les molécules du blanc et du jaune vont prendre le caractère individuel, c'est la qualité qui leur est imprimée par les puissances attractives du germe.

Une fois ces qualités fixées dans la matière, celle-ci, ou tout au moins une partie de celle-ci, constitue l'individu et persévérera à le constituer jusqu'au moment de sa mort ; et ainsi la vraie raison de la permanence individuelle se trouve dans la matière du germe qui a fait sienne la matière nutritive indifférente. Nous reviendrons sur cette idée et la préciserons davantage quand nous traiterons de la génération.

Malgré la variété des procédés d'incubation, si je puis ainsi dire, on retrouve partout l'uniformité du procédé. La mère prépare une première nourriture pour le germe. Chez les mammifères, elle le nourrit de son propre sang ; chez les oiseaux, l'œuf contient la première provision alimentaire. Les abeilles élaborent le miel qu'elles apportent aux larves emprisonnées dans leurs cellules. Le sphex

1. Voir p. 99.

enchaîne à côté de ses œufs une proie vivante. Le bousier les entoure de fiente en forme de pilules. Les nécrophores les pondront dans des cadavres qu'ils enterreront ; les ichneumons, dans des corps vivants. Le papillon déposera ses œufs sur des plantes qui conviendront – comment le sait-il? – à la chenille. D'autres animaux enfin les laisseront tomber là où eux-mêmes trouvent leur nourriture, se disant que leurs enfants se tireront d'affaire comme ils l'ont fait eux-mêmes.

D'ailleurs, si peu loin ou si loin que les parents aient poussé la prévoyance pour leur progéniture, il arrive toujours un moment où celle-ci doit pourvoir à sa subsistance et à ses besoins. Elle est armée pour cela. Le poulet au sortir de l'œuf commencera sa vie indépendante, il grattera la terre et le fumier pour y chercher des graines et des vers. Il n'est pas adulte, mais il se prépare à le devenir. Le jeune poulet c'est encore l'œuf, mais l'œuf qui marche et qui mange.

On a donné avec infiniment de raison la même dénomination aux larves des insectes. Tandis que la poule dépose dans l'œuf pour servir d'aliment au germe la nourriture qu'elle a au préalable élaborée, la chenille est obligée de chercher elle-même sa subsistance, de la digérer, et de l'accumuler sous son enveloppe.

De sorte que ce n'est pas, à proprement parler, le petit grain déposé sur la plante qui est l'analogue de l'œuf de la poule, c'est la chrysalide. Dans la chrysalide, en effet, il n'y a aucune partie différenciée, en apparence du moins, ni ailes, ni pattes, ni antennes, ni nerfs, ni muscles ; et peut-être même – mais c'est bien douteux – serait-il possible de déranger dans une certaine mesure l'arrangement de la substance sans troubler le développement du papillon, auquel cas elle serait composée d'un germe et d'un vitellus.

Pour en revenir aux animaux supérieurs, ils sont tous, dans une partie de leur existence, des œufs qui marchent.

Après la période d'incubation, la période utérine, vient une période active où le jeune animal prépare son avenir ; c'est l'état larvaire. L'adolescent, c'est la chenille dont l'adulte est le papillon.

II

L'INDIVIDU ET L'ESPÈCE

SOMMAIRE : L'adulte est l'individu en état de procréer. — La différenciation des individus et des espèces progresse avec le temps. — Les espèces primitives furent, non en petit nombre, mais innombrables. Deux monères ne peuvent être dites appartenir à la même espèce que si elles ont une souche commune.

Qu'est-ce que l'adulte ? C'est l'individu en état de procréer.

Il fut un temps certainement — et probablement ce temps existe encore pour d'autres mondes que le nôtre — il fut un temps où les cellules naquirent d'autre chose que d'une cellule ; ou, pour employer un langage plus général encore, il fut un temps où le protoplasme, pour se former, n'avait pas besoin d'un protoplasme préexistant. Ce temps a-t-il entièrement disparu ? En apparence, oui ; en réalité, nullement. Il nous paraît aujourd'hui que le vivant naît d'un vivant semblable à lui. C'est une pure illusion. Elle provient de ce qu'il nous plaît de ne voir que les ressemblances et non les dissemblances : Aristote n'avait pas pour père un Aristote, ni Newton, un Newton. Or, il y a certes plus de différence entre le protoplasme du père de Newton et celui de son fils qu'entre celui d'une monère et celui d'une amibe ; et néanmoins nous disons qu'Aristote et Newton ressemblaient à leur père, et qu'une amibe diffère d'une monère.

D'ailleurs, le semblable n'engendre pas et ne peut engendrer un semblable de tout point. Dans l'intervalle d'une génération à une autre, le temps a marché, les conditions matérielles de l'univers se sont modifiées, et les générations nouvelles doivent s'y adapter : c'est le progrès. On se représente volontiers la vie comme apparaissant çà et là dans l'univers primitifs à la façon des taches de rouille sur une plaque d'acier poli. Vue parfaitement fausse. Les éléments primitifs de l'univers sont tous uniformément vivants et tous, à peu de chose près, semblables. C'est l'exercice même de la vie qui introduit en eux des différenciations de plus en plus significatives. Sur tous les points de l'étendue se forment des unités instables et des précipitations de stables; et présentement, entre ces instables à tous les degrés et ces stables à tous les degrés aussi, il y a des différences infinies et infiniment profondes.

Que de choses peuvent être aujourd'hui le phosphore, le carbone, la chaux ! que de choses, la fécule, la graisse, l'albumine, le protoplasme ! Jadis il n'en était pas de même.

Les êtres vivants actuels ont à compter avec cette variété de substances et de propriétés; c'est au milieu d'elles et avec leur aide qu'ils déploient leurs caractères spécifiques et individuels. De sorte que l'on peut dire qu'entre deux générations successives, la différence est de plus en plus marquée à mesure que l'on avance dans le temps.

L'histoire au besoin pourrait le prouver pour notre espèce. Pendant des milliers d'années, l'humanité a dû rester à peu près au même point; les inventions se produisirent à de rares intervalles; nous ne voyons pas une grande différence entre la civilisation grecque du temps d'Hérodote et celle du temps de Plutarque. L'histoire du moyen âge est monotone. Puis, à mesure que l'Europe vieillit, les siècles sont de plus en plus différenciés. Le xvi° siècle diffère plus du xvii° que du xve°; et certes l'étonnement de Voltaire sortant de sa tombe aujourd'hui, dépasserait de beaucoup celui de Rabelais renaissant à l'époque de la Révolution française.

Un coup d'œil jeté sur l'histoire de quelques inventions vous en persuaderait sans peine.

Jusqu'à la fin du siècle dernier, on s'éclairait encore comme du temps des Grecs et des Romains ; puis, en moins d'un siècle, ont apparu les quinquets, les carcels, les modérateurs, le gaz, le pétrole, le magnésium, la lumière électrique.

A la fin du siècle dernier, les moyens de locomotion étaient les mêmes que du temps de Salomon ou de Rhamsès ; nous usons des bateaux à vapeur, des chemins de fer, bientôt des ballons.

Pour se communiquer ses pensées, on avait la poste comme du temps de Cyrus ; aujourd'hui nous avons le télégraphe, le téléphone ; sur le fond des océans voyage notre pensée et bientôt notre voix.

Au dessin et à la peinture ont succédé la daguerréotypie, la photographie, la phototypie, l'héliogravure ; nous saisissons et fixons sur le papier les allures du cheval dans la plaine, de la locomotive sur les rails, de l'oiseau au haut des airs ; le fond des mers nous révèle ses secrets.

Aussi combien de fois nous disons-nous que, dans cinquante ans, l'humanité aura fait des pas qu'il nous est impossible de mesurer d'avance ! Que de changements depuis vingt ans, depuis dix ans ! C'est le cas de s'écrier avec le poète :

Omnia jam fiunt fieri quæ posse negabam.

Cette manière d'envisager le développement de l'univers simplifie beaucoup la conception de la vie, et en même temps celle du transformisme.

La variété des espèces actuelles est-elle issue d'un seul type ou de quelques types ? Ainsi se pose la question débattue aujourd'hui entre les savants. Je réponds résolument : les premières espèces sont innombrables, aussi nombreuses que les individus. Ah ! je veux bien qu'elles aient eu entre elles beaucoup de points de ressemblance ; c'étaient toutes des monères, si vous voulez. J'accorde même qu'elles pourraient se confondre à nos yeux, s'il nous était donné de les voir; mais les différences, pour être petites, étaient aussi considérables que les ressemblances, qui n'étaient pas grandes.

En effet, voici deux monères : de quel droit affirmez-vous qu'elles appartiennent à la même espèce? S'uniront-elles jamais pour procréer en commun un être semblable à elles? Pas le moins du monde. Elles vont chacune faire souche à part, et jamais elles ne se mélangeront. Il y a plus d'affinité entre le chien et le loup, le taureau et la jument, l'épagneul et la truie, la cane et le coq, le lapin et la poule [1], qu'entre deux monères, qu'entre deux enfants d'une même monère. Impossible de souder entre elles deux monères, de faire couler la substance de l'une dans l'autre. Cette antipathie n'est-elle pas l'indice d'un antagonisme spécifique?

L'idée de l'espèce implique celle d'une communauté de substance. On peut dire de toute la descendance d'une seule monère qu'elle forme une espèce, parce que chaque individu porte en lui une parcelle de la souche. Mais rien ne nous autorise à voir une seule espèce dans la descendance de deux monères différentes non issues d'un tronc commun. La communauté de substance se révèle à nous par la fusion possible des individus, comme c'est le cas des myxomycètes, comme c'est le cas des espèces qui se perpétuent par procréation. En dehors de cette preuve expérimentale, il ne nous est pas possible d'en trouver aujourd'hui une autre. Le chien et le loup restent pour nous des espèces différentes, en dépit des ressemblances et des cas isolés d'accouplements même féconds [2].

1. Voir l'article de M. Duval sur l'*hybridité* (*Revue scientifique*, 26 janvier 1884, pp. 99 et suiv.) où sont relatées les amours étranges d'un lapin et d'une poule.
2. Ces lignes renferment l'idée fondamentale de la théorie du *Keimplasma* de M. WEISMANN, dont j'ai dit deux mots à la fin de ma préface.

L'identité permanente de l'espèce repose ainsi sur la conservation et la transmission à travers les générations successives d'une matière douée des caractères spécifiques. Nous avons vu que l'identité permanente de l'individu est de même attachée à une certaine matière, support des qualités individuelles.

Et qu'on n'aille pas se faire une difficulté de cette fausse conséquence que la matière spécifique, pour se perpétuer, devrait se diviser à l'infini et par suite se réduire au néant. Si l'on a bien compris le paragraphe précédent, on voit que cette matière s'étend par annexions incessantes, comme le fait la matière individuelle. Ce qui constitue celle-ci n'est pas le faible nombre de molécules que l'on pourrait compter dans l'ovule fécondé, mais les molécules innombrables qui ont servi à saturer les affinités latentes de cet ovule. De même la matière spécifique se forme et s'accroît sans cesse, s'accumulant dans l'ovaire et le sperme. Il y a donc, par le fait de la propagation, division à l'infini sans doute, mais cette division n'aboutit pas à des infiniment petits, en d'autres termes, à des néants. C'est ce qu'on verra encore mieux dans les paragraphes suivants.

Si donc, au début, les espèces étaient moins différenciées qu'aujourd'hui, en revanche leur nombre était plus considérable. Le progrès a accentué les différences et, de plus, a fait disparaître les intermédiaires, les extrêmes seuls tendant à se perpétuer. C'est même une loi mathématiquement nécessaire [1].

La fécondité de la nature ne se ralentit pas, seulement elle s'exerce d'une autre façon : au lieu de disperser les variations, elle les accumule sur une même souche, au point qu'il y a plus de différences entre un homme et un homme qu'il n'y en a entre toutes les monères présentes,

1. Voir mon article sur *une Loi mathématique applicable à la théorie du transformisme*, dans la *Revue scientifique*, 13 juillet 1877.

passées et futures. C'est ce que l'examen des divers modes de génération, fissiparité, allogénèse, sexualité, va nous faire voir.

III

LA FISSIPARITÉ.

SOMMAIRE : On peut dire que les premiers êtres vivants furent ceux qui surent propager leur espèce. — Histoire des monères. Les monères meurent, non physiquement, mais psychiquement. — La notion complexe de mort ne peut s'appliquer aux êtres qui se propagent par division sans laisser de cadavre.

Quelque restreinte que soit la signification que l'on veut donner au terme de vie, il est impossible d'assigner une date à l'apparition des êtres. Nous pouvons cependant, pour le cas qui nous intéresse, regarder comme les premiers êtres vivants, dignes de ce nom, ceux qui ont procréé des rejetons semblables à eux par simple voie de division. C'est là, en effet, le phénomène caractéristique de la vie telle que nous l'observons aujourd'hui. Auparavant, il y avait un grand nombre d'apparitions fugitives; avec la génération, apparaît la permanence, la loi. Auparavant, les unités n'étaient autres que les individus; aujourd'hui, à côté des unités individuelles, il y a des unités spécifiques.

Dans l'espèce, l'individu ne figure qu'à titre de procréateur. Nous venons de le voir, l'adulte est un chaînon de la chaîne formée par l'espèce. Il meurt, lui, mais l'espèce ne meurt pas. Son flambeau s'éteint, mais il a allumé d'autres flambeaux; de même que la flamme dont il brillait, il l'avait reçue d'un autre [1]. Qu'est-ce qui meurt en lui quand il meurt, puisque quelque chose de lui ne meurt pas? Quel rôle joue le mécanisme dans la conservation du type spécifique! A quoi est attaché ce type lui-même?

_____

1. Je voudrais pouvoir citer ici en entier la pièce de Mᵐᵉ Ackermann intitulée l'*Amour et la Mort*. Jamais la poésie philosophique.

Faisons l'histoire d'une monère. A peine née, — nous allons voir comment elle naît — elle rampe à la recherche d'une proie, avale ce qu'elle trouve à sa portée et à sa convenance, grandit, prospère ; puis, quand elle a atteint certaines dimensions, son développement s'arrête. Pourquoi ? on n'en sait rien. La faculté de cohésion de la substance protoplasmatique est sans doute à bout. C'est ainsi que l'eau se congèle en petites étoiles qui ne dépassent jamais un volume déterminé.

Dans cet état, la monère est prête à procréer, elle est adulte. Son individualité est toujours parfaite ; elle ne se confond pas avec autre chose. Quand d'un de ses bras adventices elle s'en touche un autre, elle sait qu'elle se touche elle-même, et elle se plaira à faire couler sa substance de l'un dans l'autre. Touche-t-elle le bras d'une autre monère, elle le regarde comme lui étant étranger. Aucun moyen mécanique ne parviendra à les identifier.

Depuis le moment de sa naissance, elle a accaparé et a transformé en elle divers matériaux de son choix, et ces matériaux sont devenus elle. Si cette faculté d'assimilation n'avait pas de bornes, et en supposant que d'autres individus aussi forts ou plus forts ne fussent pas en état de s'opposer à ses envahissements, la monère s'accroîtrait indéfiniment aux dépens de son entourage, et à la fin ferait un animal gigantesque. Tout deviendrait monère.

Cependant, cette éventualité se réalise d'une certaine façon. Après un certain temps de vie active, la monère

ne s'est élevée plus haut. Je dois à regret me borner et n'en rappeler que deux strophes :

> Elle n'a qu'un désir, la marâtre immortelle (la Nature),
> C'est d'enfanter toujours, sans fin, sans trêve, encor.
> Mère avide, elle a pris l'éternité pour elle,
> Et vous laisse la mort.

> Toute sa prévoyance est pour ce qui va naître ;
> Le reste est confondu dans un suprême oubli.
> Vous, vous avez aimé, vous pouvez disparaître :
> Son vœu s'est accompli.

devient paresseuse; elle ne projette plus en dehors d'elle des bras ravisseurs; elle s'immobilise, comme une personne repue; elle prend la forme sphérique. Puis un travail se fait en elle; on voit apparaître une ligne de division qui va se prononçant de plus en plus; un étranglement se montre, et bientôt, au lieu d'une monère, on en a deux. Les deux jeunes monères commencent immédiatement leur vie de rapine, qui se termine de la même façon. De sorte que, si ces animaux n'étaient pas sujets à périr par accident, en peu de temps ils auraient envahi l'univers et seraient les seuls représentants de la vie.

Pourquoi la monère se divise-t-elle? Encore une fois, on n'en sait rien. Faut-il aventurer une explication ou plutôt une analogie? Ne peut-on pas y voir une conséquence de l'arrêt de développement amené par l'état de saturation de la molécule protoplasmatique? La veine liquide ne peut rester continue : elle se divise en gouttes d'autant plus petites que le liquide est moins visqueux. Une petite masse liquide est suspendue au goulot du flacon, la liqueur continue cependant à la grossir. Mais bientôt, la masse se sépare en deux et la goutte tombe. La goutte représente le maximum de poids que la cohésion peut soulever. Dans la célèbre expérience de Plateau, la masse d'huile soustraite à l'action de la pesanteur et mise en un mouvement de rotation, finit par se dissiper en un anneau de gouttelettes. Peut-être en est-il ainsi du protoplasme de la monère. Quand il a atteint un certain volume, les moindres mouvements tendent à le déchirer. La partie qui voudrait tirer ne peut vaincre la résistance du reste, et une scission est imminente.

Je sais moi-même que cette explication n'en est pas une; mais en semblable matière, mieux vaut peut-être hasarder une comparaison que de garder un prudent silence.

Revenons maintenant à la monère et à ses deux enfants. Le phénomène de sa propagation soulève une question

capitale. Peut-on dire que la monère meurt au moment
où elle se divise [1]?

Bien des gens seront tentés de répondre oui, et c'est
ainsi qu'a répondu M. Götte. La monère individu a cessé
d'être : elle a deux rejetons, voilà tout. La poule meurt et
ses poussins lui survivent. Parfait. Sans doute la vie, elle,
ne meurt pas; mais c'est la substance vivante qui meurt.
Or, la substance à laquelle est attachée la vie de la monère
génératrice, a-t-elle cessé d'être vivante, d'être en état de
fonctionner, c'est-à-dire de s'assimiler certains corps
étrangers? Qu'a-t-elle perdu? Rien; ni ses propriétés, ni
même sa forme, puisqu'elle n'en avait pas. La monère
n'est donc pas morte. C'est l'avis de M. Weismann.

D'un autre côté, si elle ne meurt pas, où est-elle? Dans
ces deux moitiés, où est la mère, où est l'enfant? Quelle est
celle qui se souvient d'avoir été autrement ou autre chose?
Si l'une d'elles perpétue la mère, celle-ci sera évidemment,
sauf mésaventure, immortelle. Et il en sera de même de
ses enfants. Voilà donc des immortels qui ont commencé
d'être. Nous avons vu que la logique ne se refuse pas à admettre une semblable existence; mais la science proteste.

Quelle réponse faire à la question : des deux parties de
la monère, quelle est celle qui se regarde comme constituant le tout? Évidemment aucune. La monère est donc
morte.

Comment sortir de cette contradiction? D'une manière
très simple. Le maintien de l'individualité, avons-nous vu,
suppose et une permanence physique et surtout une continuité psychique. Or, ici nous voyons ou croyons voir, d'un
côté, une certaine matière persistante, et d'un autre côté,
la division d'une unité phénoménale dont l'existence a
pour limites deux actes de séparation, l'un qui lui donne
naissance, l'autre qui la détruit. La continuité de la conscience est rompue à chaque partage, et, en même temps,

1. Voir les travaux de MM. WEISMANN et GÖTTE dont j'ai donné
une courte analyse dans la préface.

la continuité individuelle. Peu importe que la matière corporelle reste vivante. La monère naît et meurt, non physiquement, mais psychiquement. Et l'homme même est-il encore lui quand sa conscience est abolie sans retour, et que ce qui lui reste de vie s'est retiré dans son cœur et son estomac?

J'ai dit ailleurs [1] que la conscience accompagne l'effort, et qu'à mesure que l'effort s'affaiblit, que la machine se perfectionne et travaille avec moins de bruit et de difficulté, la conscience diminue et finit par s'éteindre. C'est ainsi que les doigts du pianiste abaissent les touches sans qu'il ait conscience de leurs mouvements; c'est ainsi que le cœur bat et que l'estomac digère. Il en est sans doute ici de même, bien qu'il puisse paraître téméraire de scruter l'âme d'une monère. — Elle a ses joies et ses douleurs, ses besoins et ses satisfactions. Mais un temps arrive où elle n'a plus de désir, où elle ne se meut plus spontanément; alors elle ne se sent plus elle-même, elle s'endort et son moi s'évanouit. De même un temps a été où le désir et la sensation du mouvement se sont éveillés en elle, et à ce moment elle est née.

La mort, dans son sens vulgaire et intégral, n'arrive pour la monère que par accident. Elle mourra, à notre façon, si on la tue. Alors il y a un cadavre, il y a mort corporelle et à la fois destruction d'une unité consciente.

Remarquons encore que la substance d'une première monère se retrouve tout entière dans ses descendants. Elle va se divisant à l'infini, mais il y a toujours en chacun d'eux quelque chose d'elle. Ce quelque chose deviendra chez les animaux supérieurs le caractère de l'espèce, de la race, de la variété ou de l'individu, et portera en soi toutes les acquisitions accumulées de l'intelligence.

Ce que nous venons de dire des monères s'applique aux amibes. Les amibes sont des cellules, les monères n'en sont

1. *Eléments de Psychophysique*, pp. 233 et suiv.

pas. Comment s'est constituée l'unité cellulaire? on n'en sait encore rien. Il y a, il est vrai, des animaux monocellulaires, les grégarines, entre autres, qui passent, croit-on, par une phase non cellulaire. De là on est moins porté qu'autrefois à regarder la cellule comme étant l'unité vivante primitive, la véritable unité de vie. A part cette différence — qui est peut-être considérable, si par exemple le noyau renferme déjà un rudiment de mécanisme — les monères ressemblent aux amibes, ont les mêmes mœurs, les mêmes allures, le même mode de propagation. Elles se partagent intégralement, et rien de leur corps n'est rejeté à l'état de cadavre.

Et ce mode, sauf certaines modifications, est, peut-on dire, général dans le monde des protozoaires. Une magosphère, par exemple, organisme un peu plus compliqué, se multiplie, en dernier résultat, de la même façon. Une cellule, — dirons-nous que c'est la cellule mère? — se divise en deux, puis en quatre, puis enfin en huit ou en un plus grand nombre de cellules qui restent pendant un certain temps accolées les unes aux autres et vivent d'une vie commune. A un certain moment elles se séparent, et chacune d'elles devient mère à son tour.

Ici encore, où est l'individu? Dira-t-on que c'est l'animal composé, et qu'il meurt quand il se divise? Mais où est la chose morte? D'ailleurs, la séparation peut se faire en plusieurs actes. Dira-t-on que c'est la cellule primitive? Mais alors elle est immortelle; et où est-elle au milieu de ses sept enfants qui lui ressemblent à s'y méprendre? C'est le cas de citer le célèbre vers d'Héraclius :

> Devine si tu peux, et choisis si tu l'oses.

De cette discussion, il ressort à l'évidence que la notion intégrale de mort naturelle ne s'applique pas à ces sortes d'êtres qui se propagent par division, du moment qu'il n'y a pas de cadavre. Mais aussi on ne peut leur appliquer la

notion complexe d'individualité tant physique que psychique, puisque celle-ci comprend indivisibilité et mécanisme.
Les deux moitiés d'un homme ne sont pas des hommes;
les deux moitiés d'une monère sont des monères, sinon
toujours en acte, du moins toujours en puissance.

Le même jugement doit être porté sur tous les organismes dont toutes les parties divisées, quelles qu'elles soient,
peuvent accomplir les mêmes fonctions que le tout. Un
individu se compose essentiellement de parties hétéro-
gènes indivisibles. On peut donc dire d'une cellule en tant
qu'indivisible qu'elle est un individu, et elle doit être
considérée comme telle, si, par exemple, le noyau a une
fonction propre, ou s'il se développe en elle certains organes — ne fût-ce qu'un simple cil vibratile — qui, détachés,
ne peuvent vivre d'une vie indépendante et reproduire le
tout.

Je ne doute pas, pour ma part, que ces êtres où l'individualité n'est pour ainsi dire qu'ébauchée, n'aient une
organisation plus compliquée que nos meilleurs micros
copes ne le révèlent. Mais du moment que tout ce qui
est en eux reste par essence éternellement vivant, ils ne
meurent jamais, même quand ils se divisent.

Ainsi deux cellules simples ou compliquées formeront
toujours deux individualités distinctes, à moins qu'elles ne
remplissent des fonctions différentes utiles à la communauté, et que l'une d'elles, ou une partie d'elles, ne soit
incapable après séparation de se recompléter par bourgeonnement et de reproduire un individu semblable à la
souche. Dès lors cette cellule ou cette partie de cellule n'a
d'existence que dans le tout et par le tout; elle n'est pas
séparable, elle est un organe.

IV

L'ALLOGÉNÈSE.

Sommaire : La génération du dissemblable par le dissemblable implique que l'enfant, pour ressembler à sa mère, engendre aussi pour son propre compte du dissemblable qui lui reste attaché. — Les êtres pluricellulaires doivent leur naissance à la prolongation d'une vie commune à la mère et à l'enfant. — L'idée intégrale de mort n'est, à proprement parler, applicable qu'aux cellules nourricières; les cellules reproductrices ne meurent pas tout entières. L'amour maternel. Les neutres. — Les propriétés de l'être vivant ne tiennent pas à la matière dont il est composé. — La transmission de la vie n'est qu'un cas particulier de la transmission des mouvements. — Il n'y a pas une loi de la conservation de la vie comme il y a une loi de la conservation de la matière et de la force. La vie n'est pas une quantité définie. — Difficulté de comprendre la vie autrement que l'homme ne la sent, c'est-à-dire abstraction faite de la sensibilité et de la volonté. — Transmission à l'enfant des caractères des parents. — Comment les cellules nourricières peuvent vivre indépendamment des cellules reproductrices.

Dans la génération par fissiparité, le semblable met au monde le semblable. Nous avons maintenant à voir comment la génération du dissemblable par le dissemblable a pu faire son apparition dans le monde.

D'une manière générale, on peut appeler allogénèse toute procréation d'un enfant qui, au moment de sa naissance, n'est pas semblable à sa mère, et ne le devient qu'au bout d'une série de transformations plus ou moins considérables. Donnons à cet enfant le nom d'ovule.

Comment l'ovule peut-il réaliser le type maternel? Évidemment en formant lui-même ce qui lui manque pour le reproduire. C'est ce qu'on nomme son développement.

Ce peu de mots montre que le développement est à son tour un mode de génération où le dissemblable produit aussi le dissemblable, avec cette différence qu'ici l'engendré reste attaché à sa souche. En résumé, la mère, que nous représentons par *abc*..., met au monde un ovule *a*, qui de son côté pousse *b*, *c*, etc., et reproduit ainsi le type *abc*....

Par conséquent l'allogénèse est, au fond, une espèce de génération alternante. Les éléments *b*, *c*, etc., sont différents de *a*; ce sont des éléments différenciés.

Prenons le type le plus simple, le type *ab* composé de deux éléments différenciés. Pour faciliter le travail de l'imagination, représentons-nous chacun d'eux sous la forme d'une cellule. Nous savons que ce n'est pas là une nécessité, et qu'un organisme unicellulaire et même plus simple encore, peut renfermer — théoriquement du moins — des parties différenciées. Demandons-nous comment ce type a pu venir au jour.

La réponse paraît simple. Quand une amibe est en voie de se diviser, que le noyau et le protoplasme de sa cellule éprouvent cet étranglement particulier, précurseur de la séparation définitive, il arrive un moment où les deux cellules toutes formées sont encore attachées l'une à l'autre. Rien ne s'oppose à ce que, pendant quelque temps, ce double animal rampe à l'aide de pieds projetés par l'une des cellules toujours la même, et que les bras lancés par l'autre servent à la préhension des aliments.

Si maintenant il existe une certaine cause qui tende à prolonger cet état de transition, — par exemple, un certain avantage que l'animal en retire — il arrivera qu'à une génération suivante, l'état se montrera plus tôt, disparaîtra plus tard; et à la longue, la période de vie conjuguée constituera la plus grande partie de l'existence de l'être; ce qui veut dire en termes plus savants que la vie unicellulaire, se raccourcissant toujours, finira par n'être que la vie embryogénique de l'être bicellulaire.

Voilà la raison pourquoi tout animal vient d'une cellule unique. Cette cellule est une amibe qui se divise, mais dont les deux divisions, en restant unies pendant un temps plus ou moins long, et en prenant des fonctions différentes, forment ce que l'on appelle un individu.

Ainsi donc la fonction différenciée est un résultat consécutif de la génération par voie de division. Il va de soi, je le répète, qu'elle peut apparaître dans des organismes unicellulaires, et peut-être même chez des organismes plus rudimentaires encore. Mais qui dit fonction différenciée dit par cela même portion de substance accoutumée à réagir d'une certaine façon. C'est ici que nous saisissons le lien mystérieux qui unit la génération et la mort.

En effet, cet organisme bicellulaire à fonctions différenciées a commencé, disons-nous, par n'être qu'une cellule, et cette cellule en a produit une autre, différente d'elle. C'est un véritable cas d'hétérogénie; mais ce n'est pas encore la génération dans le sens ordinaire du mot. La génération, c'est la production d'un être indépendant.

Naturellement, la fonction génératrice n'est pas détruite d'emblée dans la cellule fille. C'est ce qui fait que celle-ci engendre à son tour, et ainsi de suite. De sorte qu'il n'y a pas d'êtres bicellulaires. Ce n'est pas à dire qu'en théorie, il ne puisse y en avoir. Le fait, si c'en est un, ne présente en soi rien de nécessaire. Mais cette faculté génératrice, à mesure que les cellules non détachées prennent des fonctions spéciales, va s'amoindrissant et s'épuisant, et un moment arrive où l'évolution s'arrête. A ce moment, l'être est *adulte*. La faculté génératrice de la cellule mère prend dès lors une autre direction, et les cellules qu'elle mettra désormais au monde seront indépendantes, ce seront des œufs, lesquels auront en germe les qualités de l'organisme adulte.

Admettons donc que la troisième ou la quatrième cellule qui se formera soit appelée à se détacher. Cette cellule sera véritablement la progéniture. Ou elle naîtra de la première cellule, ou elle naîtra d'une cellule dérivée, peu nous importe. Prenons — ce qui est le plus naturel —

que ce soit de la première. Celle-ci aura donc en outre la
fonction propagatrice. Les autres n'auront, par supposition, que des fonctions motrices, nutritives, préservatrices.
Désignons-les du nom générique de cellules nourricières.
Or, je le répète, qui dit fonction, dit habitude, et qui dit
habitude dit mécanisme. La mère et les filles qui lui restent
unies s'useront donc au fur et à mesure qu'elles fonction-
neront, et partant seront sujettes à la vieillesse et à la mort.
Cependant avec cette différence que les cellules nourricières
meurent sans laisser de postérité directe, qu'elles meurent
tout entières sans que rien d'elles en perpétue le souvenir,
tandis que la cellule reproductrice ne passe que partiellement à l'état de cadavre; peut-être même ne meurt-elle que
parce qu'elle cesse d'être suffisamment nourrie ou protégée.

La mort est ainsi un effet de la procréation, bien que la
procréation rende en somme la cellule mère immortelle,
comme l'est une monère. Par là, on a la raison de ce fait
que beaucoup d'animaux meurent en mettant au monde
leur postérité.

Ce n'est pas tout : les cellules neutres, c'est-à-dire privées
de la faculté reproductrice, seront pour ainsi dire, le support de la cellule féconde; ou encore, elles en seront comme
les servantes ou les protectrices, et elles deviennent inutiles et disparaissent souvent immédiatement après que
celle-ci a accompli son œuvre intégrale. Nous avons ainsi
le type de ces êtres qui, comme les orthonectides, ne sont
que des sacs à œufs ou à spermatozoïdes.

Là aussi est l'origine de l'amour maternel, fondement
premier de la famille et de l'État, source principale et type
de tous les dévouements, de tous les sacrifices, de tous les
héroïsmes sans lesquels une société ne peut se créer ni se
maintenir [1].

1. Ici je me trouve d'accord avec M. Tarde (voir *Revue philosophique*, n° de juin 1884). Comme lui, je pense qu'on ne peut dériver
l'abnégation de l'égoïsme, et que, dans tous les cas, l'égoïsme n'est
pas la règle naturelle et absolue de l'humanité. (Voir à la fin.)

Voilà pourquoi aussi l'instinct maternel se développe chez les neutres des hyménoptères.

Par là enfin on comprend comment les penseurs, frappés des soins de toutes sortes dont la nature semble avoir voulu entourer le germe, ont pu regarder l'individu comme n'ayant d'autre but que la propagation de son espèce.

Quand, chez l'individu, la masse des cellules nourricières l'emporte de beaucoup sur celle des cellules reproductrices, il nous fait l'effet de mourir tout entier. Cela arrive pour tous les animaux d'une certaine taille. Qu'est-ce qu'un œuf ou un spermatozoïde par rapport à l'éléphant, à l'homme, à la souris, au hanneton, à la coccinelle, au puceron même? Et en voyant se dissoudre ces masses considérables, nous perdons de vue l'immortalité du germe, et formulons la loi que tout ce qui vit meurt. Une analyse approfondie des faits nous prouve que tout ne meurt pas; et ce qui survit est le meilleur.

Cette manière d'envisager les phé. mènes explique aussi — et ce n'est pas une des moindres difficultés du problème de la génération, de la vie et de la mort — comment il peut exister des neutres, c'est-à-dire des êtres inaptes à reproduire. La vie individuelle, en effet — nous venons de le voir — n'est nullement conditionnée par la fécondité ultérieure de la cellule première.

En même temps, nous comprenons comment, dans certaines espèces, — les articulés en offrent de nombreux exemples — on peut prolonger la vie des individus en mettant une entrave à leur instinct reproducteur. On a pu de cette façon conserver en vie pendant plusieurs années des insectes qui, d'ordinaire, vivent une saison à peine. D'ailleurs on a remarqué que les neutres — chez les fourmis et les abeilles — ont la vie bien plus longue que les femelles et surtout que les mâles.

Revenons une dernière fois à l'animal pluricellulaire.

9.

Comment sera l'enfant? Ne contiendra-t-il que la substance
de la cellule mère? Oui, d'une certaine façon; mais cette
substance est profondément modifiée dans sa constitution
par sa vie en commun avec les cellules neutres. C'est ici
que s'offre à nous un des problèmes les plus graves et les
plus ardus de la métaphysique de la vie.

Prenons la future cellule mère à sa naissance. Elle est,
ai-je dit, comme une molécule non saturée, elle présente
des pôles attractifs. Elle va donc satisfaire ses attractions
en s'attachant ici un atome d'oxygène, là un atome
d'azote, ici un atome d'hydrogène, là un atome de carbone, et ainsi elle se fera son propre corps comme la phry-
gane de nos ruisseaux, l'étui qui la supporte et la protège.
Peu lui importe l'origine de ces atomes. Bien que, rigoureusement parlant, un atome se discerne toujours d'un
autre atome, si semblables qu'ils soient tous deux, le
caractère qui leur sera imprimé par leur entrée dans la
cellule est tellement marquant que, devant lui, disparaissent
les petites différences qu'ils peuvent présenter entre eux
en raison de la position qu'ils occupent dans l'espace. (Voir
plus haut).

La cellule grandit de cette façon, et le moment arrive
où elle peut bourgeonner et former une autre cellule. Cette
cellule aura des propriétés définies. Mais — cela résulte
de ce qui vient d'être dit et nous reporte à l'introduction
— bien qu'attachées à une certaine matière, elles ne sont
pas inhérentes à cette matière. Il se trouve qu'elle comprend
tels atomes d'oxygène, d'azote et de carbone, mais ces
atomes auraient pu être autres substantiellement que la
cellule n'eût pas pour cela été autre qu'elle n'est.

Pour rendre ceci absolument clair, faisons une supposition. Imaginons que cette cellule mère puisse renaître
telle qu'elle était, et qu'on la place dans un milieu analogue. Elle va évoluer de la même manière par voie
d'absorption, mais il se trouvera qu'elle se complète par
d'autres molécules d'oxygène, de carbone, etc. La cellule

bourgeon se formera de même, et sera absolument semblable à la première, ou, pour rester dans la stricte exac-
titude, les différences seront imperceptibles et disparaîtront
devant la grandeur et le nombre des ressemblances comme
le fini devant l'infini. C'est ainsi qu'il n'importe guère,
quand nous prenons nos repas, que nous tirions du plat
commun ce morceau ou un autre. Le fait des jumeaux qui
se ressemblent physiquement et moralement, prouve sura-
bondamment ce que j'avance.

De là il résulte que les propriétés vitales et sensibles,
qui ont besoin pour se manifester d'une certaine masse de
matière dans laquelle elles se réfugient, ne sont cependant
pas les propriétés de cette masse, mais seulement de l'arrangement indépendamment des matériaux arrangés. Les
combinaisons du jeu de dominos ne tiennent pas à la matière des dés. La montre qui renferme l'art de l'horloger
doit à celui-ci ce qu'elle est, et non au hasard qui a voulu
qu'il entrât dans sa composition telles parcelles de cuivre
et d'acier plutôt que telles autres.

Cette argumentation pourra paraître exclusivement
favorable au spiritualisme qui croit à l'existence de substances spirituelles ayant la matière pour habitat. Il n'en
est rien cependant. On ne peut voir dans la transmission
de la vie qu'un cas particulier d'un phénomène général,
bien qu'inexpliqué : la transmission du mouvement.

Une bille de billard en choque une autre, s'arrête, et
la bille choquée se meut à sa place. Le mouvement a passé
de la première bille dans la seconde sans altération. Il est
resté parfaitement identique à lui-même, seulement il s'est
transféré dans un autre corps.

Ainsi en est-il de la vie, de la sensibilité, de la pensée.
Elles se transmettent elles aussi, à la matière inorganique ;
et de même que le mouvement n'est plus dans la bille qui
choque, de même elles finissent par cesser d'être chez les
générateurs. Mais de même aussi que le mouvement de

translation peut s'arrêter et se transformer en chaleur, électricité, lumière, etc., de même la vie peut être détruite par une action mécanique.

Elle n'est donc pas une substance, ni la propriété d'une certaine substance — ou, si on croyait devoir le soutenir, il faudrait en affirmer autant du mouvement, et en général de toutes les forces.

Ce qui est vrai, c'est qu'elle est incréée, ou, si l'on aime mieux, elle a même origine que le mouvement ou la force. En ce sens, on peut dire qu'elle est un mode de mouvement, c'est-à-dire une manière de mouvement, chose différente d'un mode du mouvement ; car, avec du mouvement pur, nous ne savons pas si l'on pourrait faire de la vie.

En pareille matière, il n'est pas toujours facile de donner à sa pensée toute la clarté désirable, parce que le sujet s'y refuse. Dans ses *Éléments de physiologie générale*, M. Preyer, s'appuyant sur l'axiome expérimental *que tous les êtres vivants naissent exclusivement d'êtres vivants*, a cru pouvoir avancer qu'il y a une *loi de la conservation de la vie*, à mettre sur le même pied que les lois de la conservation de la matière et de la force.

Son raisonnement est à noter ; le voici : « La loi de la conservation de la force dit : là où ne préexistait point de force, aucune force nouvelle ne peut naître. La loi de la conservation de la matière dit : là où ne préexistait point de matière, aucune matière nouvelle ne peut apparaître. La loi de la conservation de la vie dit : là où ne préexistait point de vie, aucune vie nouvelle ne peut être produite. Il résulte déjà de ces propositions que la question de l'origine de la vie ne saurait être moins transcendante que la question de l'origine de la matière et de ses forces. [1] »

Malheureusement, il n'y a là qu'un habile arrangement

---

1. Trad. de J. Soury, *Bibliothèque de philosophie contemporaine*, 1884, p. 115.

de mots. Les lois de la conservation de la matière et de la force disent non seulement ce que leur fait dire le savant professeur d'Iéna, mais encore autre chose, à savoir que de la matière ni de la force ne peuvent être détruites; que, par conséquent, la quantité de matière et la quantité de force sont inaltérables. Oserait-il soutenir que la vie ne peut être détruite, que la quantité de vie ici-bas est toujours la même? Que signifierait une pareille assertion? M. Preyer assimile des choses dissemblables : on pèse la matière, on mesure ou l'on calcule la force, et l'on peut s'assurer par l'expérience de l'absolue vérité des deux lois en question. Avant la vérification expérimentale, des penseurs les avaient énoncées plus ou moins nettement, mais elles n'ont pris vraiment droit de cité dans la science qu'avec Lavoisier et Mayer. Y a-t-il un Lavoisier ou un Mayer, qui ait recueilli et pesé ou estimé la vie de la fourmi écrasée par un passant ou du bœuf assommé à l'abattoir [1] ?

M. Preyer s'est laissé tenter par une fausse analogie de rédaction, et il a donné une portée trop considérable et surtout trop précise au principe d'expérience *omne vivum ex vivo*. Ce principe est en lui-même contraire à sa thèse; car si, d'un côté, il s'oppose à la génération spontanée, d'un autre côté, il a en vue la multiplication des individus et, partant, de la vie. Un principe *omnis materies e materie* ou *omnis vis e vi* n'aurait pas de sens; car la matière ne vient pas de la matière, ni la force de la force. La matière ni la force n'ont pas de naissance, et c'est pourquoi elles ne meurent pas. Mais les êtres vivants meurent et voilà pourquoi ils naissent. Cependant jamais il n'est venu à l'idée d'un naturaliste de prétendre que l'importance des naissances compense celle des morts; et c'est là ce qu'il faudrait pour que l'axiome formulé par M. Preyer fût acceptable.

1. Je ne puis mieux faire ici que de renvoyer le lecteur à la polémique déjà signalée qui s'est engagée entre MM. Gautier et Richet sur la nature de la force psychique. Il pourra faire d'utiles rapprochements.

Si je combats ici l'éminent physiologiste, ce n'est pas que ma manière de voir soit en contradiction absolue avec la sienne. Je ne veux pas souscrire à son principe parce que je ne le comprends pas bien ; et je ne le comprends pas, précisément parce qu'il a voulu le rendre trop clair ; il lui a donné un énoncé qui ne s'accorde pas avec le vague de l'idée.

J'ai relevé ailleurs[1] la vanité des efforts logiques que l'on fait pour donner une définition de la vie n'impliquant pas le défini ; car c'est justement le non vivant que nous ne connaissons pas. Je dirai plus, le non sensible et le non pensant ne peuvent être conçus par l'esprit. Quoi de plus naturel, puisque l'esprit n'est que vie et pensées pures? On s'imagine parfois les concevoir parce qu'on croit à la légitimité de l'abstraction. Au fond, il n'en est rien. Quel est le penseur qui ait jamais compris, par exemple, que la douleur pût se faire sentir à un être inconscient de lui-même? Et pourtant voilà ce qu'on a prétendu maintes fois, ce que l'on prétend souvent encore nous faire accroire.

Dans cet état d'ignorance où nous sommes du mode d'exister des êtres autres que nous, vouloir donner au mot *vie* un sens qui ne comporterait pas en même temps la sensibilité et la volonté, et surtout vouloir spéculer sur la chose à laquelle ce mot correspondrait, est une prétention téméraire et qui ne peut aboutir.

J'en reviens donc à ce que j'ai dit au début de cette étude : le terme de vie a deux sens : l'un par lequel on désigne une certaine manière de se manifester opposée à celle de la matière qu'on veut bien appeler brute — dans ce sens, c'est un pur mot — l'autre que l'on applique à l'existence temporaire, comprise entre la naissance et la mort, d'agrégations auxquelles on donne le nom d'individus — dans ce sens, ce terme correspond à une réalité.

1. Voir *Éléments de psychophysique générale et spéciale; Théorie de la sensibilité*, p. 153.

L'axiome de M. Preyer n'est de mise dans aucun de ces deux cas. Après cette digression, je reviens à mon sujet, c'est-à-dire à la propagation de la vie.

La cellule mère, en se nourrissant, ne fait donc qu'imprimer un certain mouvement à des particules matérielles, et c'est par là que celles-ci deviennent elle et lui appartiennent. A leur tour, elles réagissent sur les mouvements propres à la cellule mère ; car celle-ci, par cela même que ses besoins sont apaisés, modifie son allure. Par conséquent, quand elle émettra un second bourgeon, ce bourgeon, bien que sortant topographiquement, si je puis ainsi dire, de la cellule-mère, est au fond le fils de l'organisme complexe, composé de cette même cellule, que nous avons qualifiée de féconde, et de ses autres productions que nous avons qualifiées de neutres. Voilà pourquoi l'enfant hérite de ses parents et contient en lui, d'une manière plus ou moins facile à déchiffrer, leur histoire.

On touche ici du doigt l'erreur qui a régné jusqu'à ces tout derniers temps sur la constitution de l'œuf. On l'a cru composé d'un protoplasme indifférent. On se disait que, puisque les monères étaient la souche des invertébrés et des vertébrés, l'œuf devait commencer par être une monère. C'était faire une fausse application de la loi d'après laquelle le développement de l'individu retrace l'histoire de sa race ; et l'on aboutissait ainsi à une contradiction. Car un œuf de saumon donne un saumon et non un brochet.

Bien au contraire : l'œuf ne peut pas être indifférent puisqu'il porte écrite en lui toute cette histoire ancestrale. Pour lui, le passé n'est pas non avenu, lui-même en est le résumé. C'est d'ailleurs ce que les recherches les plus récentes ont mis, semble-t-il, hors de doute.

Ce que je viens de dire d'un organisme pluricellulaire, s'applique de tous points aux organismes les plus compliqués. Faisons donc un saut immense et passons à l'homme. On verra qu'il n'y a rien à changer à notre exposé.

En effet, l'ovule humain va, lui aussi, se diviser en deux, en quatre, en huit, à l'infini. Pendant tout l'âge de croissance, les cellules enfantées diffèrent de la cellule mère ; c'est une génération hétérogène.

Mais arrive l'âge de puberté : cette même cellule, que je regarde comme persistante, se met à engendrer des cellules semblables à elle-même, à la façon de la monère ou de l'amibe. Par cette raison, je puis dire qu'elle ne meurt pas ; elle se retrouve dans sa postérité. Elle se retrouve de même dans la famille qu'elle a groupée autour d'elle et dont elle reste en quelque sorte le centre ; c'est ce qu'il y a d'elle dans chacun des membres de cette famille, qui constitue l'identité substantielle de l'œuf prêt à entrer dans la vie, et du vieillard sur le point de descendre dans la tombe. Voilà pourquoi on peut dire qu'à tout le moins la matière permanente de l'individu pendant toute son existence se trouve dans la cellule primitive. C'est de cette façon qu'il est imprégné dans ses moindres parties des vertus de ses ancêtres.

Telle est sa puissance que, quand elle a engendré sa première enveloppe, nous concevons — théoriquement parlant — qu'on la détruise, frappant ainsi l'individu d'une stérilité irrémédiable, sans que pour cela cette enveloppe soit mise dans l'impossibilité de bourgeonner en vertu de ses propres lois, et de s'épanouir en un individu extérieurement assez semblable à celui qui serait né sans cette mutilation, sauf cette mutilation même. C'est en partant de ce principe, c'est-à-dire de l'existence de propriétés spéciales affectées à chaque cellule corporelle, que nous nous sommes expliqué les phénomènes étranges de réparation présentés par les batraciens et notamment par les hydres d'eau douce.

Enfin il faut considérer l'enveloppe achevée — disons tout d'un coup l'individu — comme le support des organes générateurs, et c'est par une habitude invétérée qu'il peut continuer à vivre après l'ablation ou la flétrissure de ces organes.

V

LA SEXUALITÉ.

Sommaire : La division de la cellule implique une double polarité de sa substance. — L'hermaphrodisme simple et l'hermaphrodisme par entrecroisement. — La sexualité est le résultat ultime de la division du travail. Les générations alternantes : la femelle est un mâlier, le mâle un femellier.

Je devrais parler de la génération sexuelle. Je l'ai déjà fait dans mes études sur le *Sommeil et les Rêves*. Je pourrais ajouter plusieurs choses à ce que j'ai dit alors : mais le présent travail est déjà bien long, et je crains d'avoir fatigué le lecteur par cette interminable série de déductions et d'hypothèses. Je puis cependant condenser ma pensée en quelques mots.

La génération a son origine dans la division de la cellule en deux parties, dont chacune reproduira cette cellule en figure. La division est précédée — du moins les recherches les plus récentes tendent à l'établir — d'un état où la matière protoplasmatique est comme brouillée. Prenons, par exemple, le noyau. Il ne se divise pas simplement en deux morceaux; mais il commence par se briser en un grand nombre de fragments, puis ces fragments se rassemblent en deux masses distinctes. Par conséquent, la division de la cellule est précédée d'un remaniement dans toute son étendue. Ainsi voyons-nous une compagnie former deux pelotons de la manière suivante : un homme quitte un homme et tous ceux qui vont dans la même direction se rassemblent.

Ce phénomène de séparation, on peut l'assimiler à une polarisation. Quand on soumet l'eau à l'action d'une pile électrique, les molécules se décomposent, et l'on voit le

atomes d'oxygène et d'hydrogène marcher en sens con-
traires, se donner une poignée de main en passant et, en
fin de compte, se réunir en corps séparés sous les cloches
qui les attendent. Dans la cellule, les molécules qui jusqu'ici avaient voyagé de conserve entrent en conflit et se
disposent à faire ménage à part.

Ceci nous montre que la division que nous appelons la
génération est précédée d'un phénomène inverse de celui
de la copulation. Car celle-ci a pour but de réunir des
molécules de provenances différentes.

Les produits de cette division doivent en effet avoir
certaines propriétés opposées, puisque, sans cela, la division ne s'expliquerait pas. C'est une séparation par incom-
patibilité d'humeur après quelquetemps d'une cohabitation
par sympathie.

En pareille matière, il ne faut pas pousser trop loin les
comparaisons et les analogies. Je ne puis cependant me
défendre de voir dans le rapprochement des deux moitiés
aux tendances divergentes et aux propriétés en quelque
sorte inverses, une lointaine ressemblance avec ces figures
géométriques régulières composées de deux moitiés symétriques insuperposables ; tel est un cylindre droit dont la
base est un polygone régulier d'un nombre impair de côtés.

Voilà donc l'idée que l'on peut se faire de la génération
d'un organisme monocellulaire tel que l'amibe. Les deux
moitiés qui se séparent sont, au moment où elles se séparent, incompatibles. Pour simplifier le langage, disons
que l'une est mâle, l'autre femelle, sans attacher pour le
moment à ces mots d'autre idée que celle d'une opposition.
Chacune d'elles va se compléter, c'est-à-dire que le mâle
va se créer sa moitié femelle, et la femelle sa moitié mâle.
Aussi peut-on rapprocher l'acte de la nutrition en tant que
formatrice d'organes, de l'acte de la copulation.

Quand la cellule en engendre une autre qui lui reste
accolée pendant un certain temps de manière à former un

être à fonctions localisées, la même opposition continue au fond à subsister entre elles. L'une est mâle, l'autre est femelle. Il peut se faire, avons-nous dit, que la fonction génératrice soit le privilège de l'une d'elles ; mais il peut se faire aussi que chacune engendre pour son propre compte une jeune cellule, et que les deux cellules ainsi formées se réunissent pour composer un individu semblable au parent. Dans ce cas, celui-ci est dit hermaphrodite.

Si cependant on fait pénétrer l'analyse dans le phéno-mène de la génération directe par une cellule unique, on se convainc sans peine que l'enfant est après tout un produit complexe où chacune des deux cellules a mis du sien, et qu'ainsi il est mâle et femelle ; seulement la réunion de leurs émanations se fait en dedans et non au dehors de l'individu générateur.

Voilà pourquoi l'ovule et les spermatozoïdes humains sont déjà séparément le produit d'une génération intérieure, pour laquelle ont coopéré toutes les cellules qui composent la mère ou le père ; voilà pourquoi aussi l'enfant ressem-blera à l'un de ses parents, ou à tous les deux.

L'hermaphrodisme par entrecroisement n'est qu'une extension particulière de l'hermaphrodisme direct. L'en-fant est le produit de la réunion, non des deux émanations de la cellule première et de la cellule seconde, mais des émanations de la cellule première d'un individu et de la cellule seconde d'un autre individu.

Cette espèce d'hermaphrodisme nous mène tout droit à la génération sexuelle. Car, si la division du travail est poussée plus loin encore, des individus se chargeront de produire seulement des émanations premières, d'autres des émanations secondes, et ainsi seront constitués les sexes. C'est de cette façon que l'espèce s'améliore ou se dégrade.

Je ne puis m'empêcher de revenir sur une idée que j'avais exposée dans une note de mon travail sur le *Sommeil*. C'est que, à bien considérer les choses, l'ovaire est un organe qui forme des mâles; et le testicule, un organe à femelles.

En effet, l'ovaire et le testicule se sont réservés le privilège de l'immortalité, et jettent indéfiniment dans la vie des produits appelés à se développer et à reproduire le type des parents. Mais, entre l'excréteur et l'excrété, il y a une opposition de nature, sans quoi l'excrétion resterait inexplicable. La génération, avons-nous dit, est le phénomène inverse de la copulation. Par conséquent, si nous disons de l'ovaire qu'il est femelle, et du testicule qu'il est mâle, nous affirmons que les produits du premier sont des mâles, et ceux du second des femelles; ce qui veut dire, en d'autres termes, que la femelle est un mâlier et que le mâle est un femellier.

Peut-être est-ce là le fondement de la remarque souvent faite qu'en général les filles ressemblent à leur père et les garçons à leur mère; d'où cette autre conséquence, l'alternance des générations : le garçon ressemblant à son grand-père maternel, la fille à sa grand'mère paternelle.

Peut-être aussi cette manière d'envisager les rôles des sexes nous fournit-elle l'explication de ce fait singulier que les naissances illégitimes donnent un peu plus de filles; les naissances légitimes, un peu plus de garçons. Cela proviendrait de ce que, en dehors du mariage, la femme, s'abandonnant à son amant comme à regret, prendrait une part moindre dans l'acte générateur. Enfin ainsi se trouverait renversé par sa base le sot préjugé qui fait que l'homme est fier d'être l'auteur d'une progéniture mâle.

Mais en voilà assez sur un sujet de pure spéculation. Il resterait à rechercher la raison génétique du désir et du plaisir vénériens, fondement de l'attraction des sexes. Autre problème que je me sens pour le moment incapable d'aborder avec quelque fruit.

CONSIDÉRATIONS FINALES

L'UNIVERS N'EST PAS SOUMIS A DES LOIS FATALES.
L'INTELLIGENCE EST LE VÉRITABLE DÉMIURGE.

SOMMAIRE : La liberté des éléments primordiaux de l'univers. — Ce que doit être le positivisme. — Le sensible et l'intelligent ne peuvent naître que du sensible et de l'intelligent. — De même, le libre ne peut avoir pour antécédent le non libre. — La liberté est la faculté de retarder la transformation de l'instable en stable. — Naissance des répulsions et des affinités. — Le particularisme fait peu à peu place au fédéralisme. — La hiérarchie des êtres. — La pensée tend à reconnaître l'univers comme son œuvre.

Nous pourrions nous arrêter là.

Jusqu'ici, nous nous sommes tenu résolument sur ce qu'on est convenu d'appeler le terrain de l'expérience, mais qui n'est, au fond, qu'un terrain conjectural. L'expérience, en effet, n'est qu'un mélange de faits et d'interprétations. La science cesse de mériter ce nom du moment qu'elle se borne à collectionner et à mentionner des faits purs.

La pensée humaine est aventureuse ; elle aime à s'élancer au delà des faits. C'est cette tendance même qui constitue l'esprit de recherche. Sans doute le hasard nous aide quelquefois dans nos découvertes ; mais la plupart du temps elles sont dues à une vue anticipée des choses.

Sans la spéculation, l'homme se traînerait à la remorque des phénomènes naturels, et l'expérimentation même lui serait inconnue.

Nous allons donc nous dégager des liens de la science dite positive, pour nous lancer — risquons le mot — dans la métaphysique. La métaphysique est un peu comme la vertu de la chanson : il en faut, mais pas trop. Nous tâcherons d'être métaphysicien dans la mesure où Blaise aurait voulu renfermer la vertu de sa femme Alix.

Reprenons la proposition qui terminait le deuxième paragraphe du premier chapitre de l'Introduction (p. 28) : les propriétés *observables* des corps sont tout au moins partiellement une résultante du travail de la communauté. Il suit de là que, si la communauté renferme des êtres sensibles, intelligents et libres, ces propriétés sont tout au moins partiellement une création de la liberté, de l'intelligence et de la sensibilité. — Telle est la quatrième thèse que je m'étais réservé de soutenir.

De ce que l'univers, dans ses transformations incessantes, marche de l'instable vers le stable, et que le stable ne redevient pas de lui-même instable, il s'ensuit que nous devons nous représenter les éléments primordiaux qui l'ont constitué comme ayant dû être essentiellement instables. J'appelle instables des éléments qui, s'ils n'ont pas de l'aversion, n'ont du moins les uns pour les autres aucune prédilection marquée, qui s'unissent et se désunissent sans effort, ou, pour mieux dire, qui restent indépendants et ne s'unissent un instant que pour se désunir aussitôt après. Évidemment ils ont en eux-mêmes un principe d'action, un principe de mouvement; seulement ils n'ont pas de direction. *Ils sont donc libres.*

Et ici je m'interromps, pour bien marquer la grandeur du pas que je fais.

Nous avons vu que la vie ne peut résulter de la combinaison des éléments tels qu'ils nous sont fournis par les corps bruts. A fortiori n'en peuvent sortir ni la raison ni la liberté. Dans les éléments primitifs qui vont donner naissance aux plantes, aux animaux, à l'homme, est donc contenu le germe de la vie, de la sensibilité, de l'intelligence. Ce germe comprend aussi la liberté.

Ce n'est pas ici le lieu de reprendre les controverses sur

la liberté. Je l'ai fait à une autre occasion[1], et je me propose d'y revenir un jour. Je ne veux rappeler au lecteur qu'un seul point : c'est que cette faculté telle que je l'ai définie, ne porte aucune atteinte aux grands principes de la mécanique et de la physique.

Être libre, ce n'est pas agir de soi, ni peser des motifs, ni choisir entre des motifs ; c'est simplement suspendre sa réponse à la sollicitation, remettre à un autre moment sa décision, attendre ainsi la production d'autres motifs. Le choix est donc motivé ; mais les motifs cessent d'être déterminants en ce sens que l'être libre met un intervalle de temps entre l'idée de l'acte et l'acte. Ils peuvent même être, si l'on peut s'exprimer ainsi, provoqués par la liberté.

Ainsi, quand vous remettez une décision au lendemain, sans motif précis, uniquement pour voir si d'ici là il n'y aura pas du nouveau, dans le cas où cela a lieu, ne peut-on pas dire que vous avez créé le motif? car l'événement qui maintenant vous décide n'aurait eu aucun pouvoir sur votre décision si vous aviez agi la veille. Ce qui n'est pas libre se meut immédiatement dès qu'il est sollicité. Ce qui est libre peut attendre une sollicitation plus forte et dont il fixe lui-même le degré de force. Quelle conséquence tirer de là? C'est que deux êtres libres, identiques, placés dans des circonstances identiques et sollicités par conséquent de la même façon, ne suspendront pas leur activité pendant le même laps de temps. Ce serait un miracle qu'il en fût ainsi. L'univers, qui renferme des êtres libres, n'est donc pas soumis à des lois fatales.

Cette assertion va soulever, je n'en doute pas, des protestations, des sourires ou le dédain. Cependant elle est du même ordre que les assertions par lesquelles j'ai débuté.

Une certaine école range volontiers, au nombre des résultats *positifs* de la science, de pures allégations. Avec

1. Voir *Revue philosophique*, années 1881 et 1882.

un aplomb étrange, elle vient vous affirmer « qu'il n'est pas plus difficile de concevoir des combinaisons sentantes issues de combinaisons non sentantes que des êtres vivants d'êtres non vivants ; la combinaison vivante est un cas spécial parmi une infinité de cas existants et possibles ; la sensibilité est un cas parmi des cas innombrables [1] ! »

Que l'on s'arrête à cette idée-là, je l'accorde volontiers, aussi bien que je réclame pour moi la permission de m'arrêter à l'idée opposée. Mais ce que je combats, c'est la prétention, de quelque côté qu'elle vienne, de présenter l'une ou l'autre sous le patronage de la science et de revendiquer, en pareille matière, le droit d'émettre des oracles au nom de la vérité.

Je crois avoir démontré qu'il est peu probable qu'avec les corps simples de nos laboratoires nous puissions former de l'albumine vivante. Affirmer le contraire au nom du positivisme, c'est discréditer le positivisme, qui en soi est une excellente chose, si, bien entendu, il consiste à n'avancer rien sans preuve ou sans quelques preuves.

Certes, je ne veux pas imposer au positiviste l'obligation de suspendre son jugement jusqu'à ce qu'il soit sûr de ne pas se tromper — il devrait s'interdire de prononcer que 12 et 13 font 25, car dans quelle mesure peut-on répondre de la justesse d'une addition ? — Mais voici à quoi nous sommes tenus : nous devons accorder à chacun de nos jugements le degré de probabilité que nous lui reconnaissons en conscience. Je joue à la roulette, et je mets sur la rouge ; mon voisin met sur un simple numéro noir. Ma chance est dix-huit fois plus considérable que la sienne. Il gagne néanmoins, et moi je perds. Me suis-je trompé ? Nullement. je n'ai pas assuré que je gagnerais ni que lui perdrait. Avant comme après l'événement, mon jugement de probabilité était correct.

1. Voir le compte rendu fait par M. Ribot des ouvrages de M. Schneider sur la volonté animale et humaine. (*Revue philosophique*, juin 1883, p. 672.)

Il en est de même dans le cas présent. Entre ces deux doctrines, l'une qui met au début la mort et en fait sortir la vie, ou, si l'on veut, qui doue les atomes de propriétés constantes et qui en tire la variété et la mobilité, et l'autre qui prétend que le vivant ne peut sortir que du vivant, la probabilité scientifique est pour cette dernière. D'aucun côté, il n'y a de certitude ; mais, pesant les arguments avancés pour ou contre, je trouve que la balance penche à droite et non à gauche : rien de plus.

S'avise-t-on de vouloir constituer la matière pesante avec des atomes sans pesanteur, la matière changeante et mobile avec des atomes invariables et immobiles, la matière polarisée avec des atomes non polarisés ? Pour expliquer les combinaisons des corps simples, ne les gratifie-t-on pas de *vertus électives* sous le nom d'affinités ? et leurs dissociations, ne les attribue-t-on pas à des propriétés *répulsives*? En quoi ce procédé commode, mais à coup sûr logique, ne s'appliquerait-il pas à la vie? Qu'y a-t-il de scientifique à prétendre que des combinaisons essentiellement instables sont formées d'atomes définis par certains genres d'affinités conduisant toujours à des combinaisons stables? Où trouve-t-on dans la nature dite brute des phénomènes analogues à la nutrition et à la génération?

Or, ce que je dis ici de la vie s'applique à plus forte raison à la sensibilité et à l'intelligence. Dans l'état actuel de nos connaissances, c'est, je le répète, compromettre le beau nom de science positive que de soutenir, sous le couvert du positivisme, que ces facultés sont dues à un arrangement de molécules en soi inintelligentes et insensibles. Je ne parviens à saisir en aucune façon ce que pourrait bien être une première sensation. Ce serait une véritable explosion. La loi de Weber, comme elle est souvent présentée et surtout comme je l'ai formulée moi-même, montre que toute sensation a nécessairement pour antécédent une sensation.

Que l'on soit déterministe, je le conçois encore ; rien n'est plus simple que de nier ce qu'on ne s'explique pas et de trancher un problème en supprimant l'une des données — c'est un procédé à l'Alexandre ; — que l'on soutienne ensuite que les sociétés humaines, la civilisation, le progrès sont régis par des lois fatales, je trouve la chose parfaitement logique. Mais ce que je juge insensé, c'est de vouloir échafauder la morale, le devoir, le droit, un système de récompenses et de peines, la gloire, la flétrissure, sur la prédétermination de toutes choses. Et ceux qui viennent, *au nom de leur science positive*, me soutenir que je ne suis pas libre lorsque je sens ma liberté, me rendent cette science suspecte à bon droit, de même que je me défie d'un médecin qui, pour me délivrer du mal que je ressens, se borne à en nier l'existence.

Ayant donc à rendre compte de la vie libre de certains êtres au moins, de la liberté que je constate en moi-même, que je crois constater par analogie chez mes semblables et chez les animaux, et qui à mes yeux les caractérise comme sensibles et intelligents, je ne trouve pour le moment rien de plus commode, de plus logique, de plus scientifique, que de mettre le principe de la liberté, de la sensibilité, de l'intelligence dans l'un ou l'autre ou dans tous les éléments d'où est sorti l'univers.

Je le disais dans mon étude sur la liberté [1] : « Que ce principe soit et reste dispersé dans tous les atomes, ou soit l'attribut propre de certains composés privilégiés, ou bien qu'il s'identifie avec un Dieu créateur et ordonnateur providentiel des forces, nous n'avons pas à le décider. Cependant l'homme à lui seul, dans sa conscience et dans ses actes, se dresse comme une protestation éclatante autant contre la dernière de ces hypothèses que contre le déterminisme. » Restent les deux autres hypothèses. Je me prononce aujourd'hui pour la première.

1. *Revue philosophique*, juin 1882, p. 638.

Maintenant ai-je une foi absolue dans cette solution? Non certes, et je me réserve de la rejeter demain si l'on en trouve une meilleure. Mais je dis ceci : entre cette solution et la solution donnée par une certaine école qui s'adjuge le monopole du positivisme, la moins plausible et par suite la moins réellement positive n'est pas celle-là. Elucubrations pour élucubrations, celles qui s'attachent le plus à la réalité ne se rencontrent pas là où l'on s'attendrait à les trouver. — Je reviens à mon sujet.

Ainsi donc, pas d'équivoque ; quand j'avance que les éléments primordiaux sont libres, je ne donne plus à ce dernier mot le sens qu'il a en chimie, le sens dans lequel je l'ai employé au début (p. 32). La liberté telle que je l'entends ici, c'est la liberté psychique, la *liberté de retarder la transformation de l'instable en stable,* en termes ordinaires, la liberté de ne se décider qu'après délibération, et cette liberté ne va pas sans la possibilité d'un choix et sans l'intelligence.

Le choix suppose la connaissance des choses à choisir, et cette connaissance est le fruit de la sensibilité et de l'expérience. Or, avant toute expérience, avant toute connaissance, il ne peut être question de choix et encore moins de délibération.

Les éléments primordiaux de l'univers sont donc doués de sensibilité, d'intelligence et de liberté. Dans le principe, ils vivent d'une vie latente et indépendante. Par cela même, ni leur sensibilité ni leur intelligence ne se sont éveillées, leur liberté n'a aucune résistance à vaincre. Ils ne savent pas qu'autre chose existe. On ne peut donc parler de leur conscience ni de leur égoïsme, car le moi ne se révèle à lui-même que lorsqu'il est en contact avec le non-moi.

Ils erraient au gré de leurs caprices — qu'on me pardonne cette métaphore : ils n'avaient pas encore de caprices ; — disons plutôt qu'ils erraient au hasard.

Cet état primitif, les poètes l'ont appelé le chaos. Il n'a qu'une existence hypothétique, car il ne peut avoir eu de durée. En effet, immédiatement après leur naissance, les éléments s'entrechoquèrent et, affectés dans leur sensibilité, ils appliquèrent leur intelligence et leur liberté à fuir les heurts désagréables, à rechercher les rencontres agréables ; et ainsi se créèrent les antipathies et les sympathies, les affinités et les répugnances, les amours et les haines, aurait dit Empédocle. Les éléments eurent des désirs et des craintes, appelèrent ou redoutèrent certaines unions ; leur nature individuelle se manifesta par des phénomènes propres de relation ; ils acquirent des habitudes qui devinrent ce que nous appelons leurs lois ; en un mot, ils apprirent à faire le sacrifice d'une partie de leur liberté pour jouir d'une paix relative et se mettre à l'abri des contacts hostiles. C'est ainsi qu'un émigrant, sans renier son caractère national, sait s'adapter aux mœurs de sa patrie adoptive, et que, en général, chacun de nous se fait à son entourage.

Nous disions précédemment que toute sensation précipite du stable. Nous pourrions retourner la proposition et dire que toute précipitation de stable est accompagnée d'une sensation. Mais ce serait peut-être aller trop loin et soulever des controverses sans fin. Nous constatons en nous encore de la sensation au moment où l'oxygène brûlant notre sang produit de l'acide carbonique ; seulement on pourrait choisir telles de ces réactions internes qui ne s'accusent pas à la conscience, et alors le débat porterait sur l'insaisissable. Mieux vaut l'éviter.

Nous ne changeons donc rien aux lois physiques et chimiques établies, et nous ne dévoilons pas leur origine première. Nous ne faisons que donner une âme aux éléments. Au lieu de dire que l'oxygène a de l'affinité pour l'hydrogène, nous disons qu'il le désire, et que ce désir, fortifié par l'habitude, a eu pour première incitation l'expérience suivie de choix intelligents.

Les lois sont donc les résidus d'actes primitivement

libres. Nous constatons d'ailleurs le désir en nous et chez les animaux et chez les plantes elles-mêmes peut-être. Selon l'avis de M. Grant Allen[1], n'est-ce pas pour plaire aux insectes ou pour dérober le précieux germe à la rapacité des oiseaux que la fleur ou les fruits se parent des plus séduisantes couleurs? Et comment espérerait-on expliquer autrement l'apparition du désir?

Des alliances d'abord passagères se conclurent; et ainsi au particularisme succéda le fédéralisme. Puis les unités élémentaires se fondirent en unités complexes. Leurs coalitions, fruits de l'amour et de la haine, se cimentèrent par le sacrifice d'une partie de leur liberté; mais ce sacrifice fut compensé par une plus grande résistance et par une plus grande indépendance de l'union.

Insensiblement, l'infinie variété primitive d'une infinité de choses différant l'une de l'autre de quantités infinitésimales, fit place à des groupements de substances susceptibles de s'harmoniser, et entre les groupes formés, se manifestèrent des différences de plus en plus profondes. De la même façon le mathématicien simplifie une équation algébrique en la réduisant à autant de membres séparés qu'il y a d'espèces de termes semblables.

Voilà comment firent leur apparition dans le monde, d'une part, les toutes premières molécules organisées, c'est-à-dire les premières sociétés formées en vue de la domination du reste, d'autre part et en même temps, les combinaisons qui sont les résidus de leur activité, et qui, comme les calcaires, passent pour inorganiques.

Puis les molécules organiques se groupèrent à leur tour; la liberté, la sensibilité, l'intelligence se concentrèrent de plus en plus dans des agglomérations spéciales. Simultanément d'autres agglomérations se mettaient à leur service sous la forme d'instruments spécifiés; elles acceptaient

1. Voir mon article dans la *Revue scientifique* du 24 mai 1879.

volontairement l'esclavage, pour réaliser un idéal entrevu de bien-être général, et puisaient les aliments de leur activité dans le réservoir commun des forces passées à l'état dit inorganique, mais qui restent encore, elles aussi, des espèces de mécanismes.

Les associations eurent pour base le principe de la division et de la répartition du travail. Chaque membre de la communauté concentra ses aptitudes sur une fonction déterminée qu'il exerça au profit de tous, demandant qu'en échange les autres remplissent pour lui les fonctions qu'il abandonnait. Ainsi, les libertés et les consciences moléculaires se fondirent en des libertés et des consciences composées. Le sacrifice n'a donc pas été gratuit, car rien ne se perd. La volonté, la sensibilité, l'intelligence de l'être complexe se sont affinées et renforcées, en tant que produites par l'accord des volontés particulières. C'est un des mille exemples de la puissance de l'association.

L'univers vit donc se former peu à peu des agrégats où les éléments primordiaux, renonçant en partie à leur existence propre, concoururent à donner à l'ensemble une indépendance plus grande et une vie plus intense. La stabilité, la fixité qui résultait ainsi d'unions de moins en moins éphémères, et de plus en plus difficiles à rompre, était toute au profit de la liberté et de l'intelligence, parce que ces réunions étaient elles-mêmes le produit de la liberté et de l'intelligence et se formaient en vue du bien de la communauté.

Ne voyons-nous pas d'ailleurs la liberté se détruire elle-même en s'exerçant? Elle se fixe dans les habitudes qui se transforment à la longue en instincts et en connexions réflexes. Mais l'acquisition des habitudes a néanmoins pour résultat de supprimer des entraves et de laisser à la partie libre qui est en nous une plus grande liberté [1].

1. M. Ribot, dans son livre des *Maladies de la volonté*, p. 34, dit: « L'origine de la volonté est dans cette propriété qu'a la matière vivante de réagir, sa fin est dans cette propriété qu'a la matière

L'habitude que j'ai d'écrire, habitude prise à la suite de tant d'efforts, et qui, depuis qu'elle est formée, me dispense presque d'en faire, me permet en ce moment de penser tout en écrivant. Les muscles de mes doigts se sont assouplis de manière à exécuter automatiquement ce qu'autrefois ils ne pouvaient faire que guidés par l'intelligence. Grâce à cette éducation, ce sont aujourd'hui des machines qui ne demandent qu'à être mises en marche par l'intelligence, pour ensuite travailler sans sa coopération. De sorte que l'effort qui leur est devenu inutile est mis à la disposition de la pensée.

De cette façon se manifestèrent dans l'univers deux ordres d'existences, des existences à phénomènes complexes et des existences à phénomènes simples, celles-là de plus en plus libres et puissantes, celles-ci de plus en plus mécaniques et esclaves. De même plus les sociétés humaines se perfectionnent, plus l'individu lui-même, en tant qu'individu, est enchaîné par les mille liens de la civilisation, mais plus il est élevé, libre et puissant en tant qu'il est l'expression de la société.

Une vaste hiérarchie s'établit. La plante, pour s'épanouir, sépare le carbone de l'oxygène; les animaux profitent de la séparation de ces deux corps, pour les réunir à nouveau dans leur sang et les faire travailler pour la satisfaction de leurs besoins.

L'homme apparaît ensuite, qui détruit ou domestique les espèces animales ou végétales.

Le monde se meut ainsi vers la pensée, parce que tout ce qu'il renferme s'est mis et continue à se mettre au service de la pensée. Et comme, en définitive, c'est elle qui, par tâtonnements successifs, donne à la matière la forme sous laquelle ses propriétés se manifestent, elle élabore ses con-

vivante de s'habituer, et c'est cette activité involontaire, fixée à jamais, qui sert de support et d'instrument à l'activité individuelle. »

ceptions de jour en jour avec moins de mécomptes, avec moins de pertes stériles, avec plus d'économie et d'épargne ; c'est pourquoi elle peut envisager l'avenir sans crainte. Au fur et à mesure que les ressources lui font défaut, parce qu'elles ont déjà reçu leur emploi, elle apprend à tirer un meilleur parti de celles qui lui restent.

D'autre part, elle va concentrant sans cesse les consciences individuelles.

Les grands facteurs de cette concentration sont la génération et son corollaire, la mort, venues à la suite de la division du travail et de la spécification des organes. Cette division et cette spécification sont elles-mêmes des conséquences de la vie en commun temporaire du générateur et de l'engendré. Cette vie en commun et l'échange de services qu'elle comporte, constituent l'embryon des sociétés ultérieures, lesquelles se compliquent progressivement à mesure que la fissiparité fait place à l'hermaphrodisme, puis enfin à la sexualité.

Les qualités dont les parents sont pénétrés, imprègnent nécessairement les germes. Ceux-ci, pendant et après leur épanouissement, en acquièrent d'autres, conquêtes de l'expérience ou du génie, qui viennent s'ajouter aux anciennes. Ces perfectionnements successifs, plus ou moins rapides, s'accumulant de siècle en siècle, ont fini par produire l'homme civilisé, la plus haute expression actuelle de la vie, de la sensibilité, de la liberté et de l'intelligence sur notre planète.

L'homme, par sa pensée, s'étudie en lui-même et en la nature extérieure. Il sait déjà qu'il est formé d'une société de cellules qui ont, à côté de l'existence commune, une existence propre et qui se sont pliées à mille et mille fonctions variées. Il sait que, dans son sang, cheminent des espèces d'animaux dont la présence est essentielle à sa vie. Il ne sait pas encore d'où ils viennent, ni au juste ce qu'ils font et où ils vont ; mais il finira par le savoir. Il prendra ainsi de plus en plus une conscience pleine de son individualité.

En outre, il cherche à se rendre compte de l'organisation de la société dont il est membre. La société est son œuvre, il n'en doute pas, mais il ignore comment elle est son œuvre. Il cherche donc à donner à la société la conscience d'elle-même, des lois qui ont présidé à sa naissance, et des lois qui la développent. Il s'apparaît par suite à lui-même sous un double aspect : à la fois comme puissance et comme instrument. Il en est de même de toute chose.

Et c'est ainsi que la pensée poursuit sa route, reprenant peu à peu possession de ses produits, jusqu'à ce que, ayant tout reconquis, elle puisse se reconnaître et se contempler dans son œuvre, s'identifier avec l'univers dans un acte de conscience suprême et infini, et dire du moindre atome : il est à moi.

FIN

TABLE DES MATIÈRES

INTRODUCTION

CHAPITRE PREMIER.

I. — LES PROPRIÉTÉS DES ATOMES NE SONT PAS IMMUABLES.

II. — LES PROPRIÉTÉS DE LA MATIÈRE NE LUI SONT PAS TOUTES INHÉRENTES.

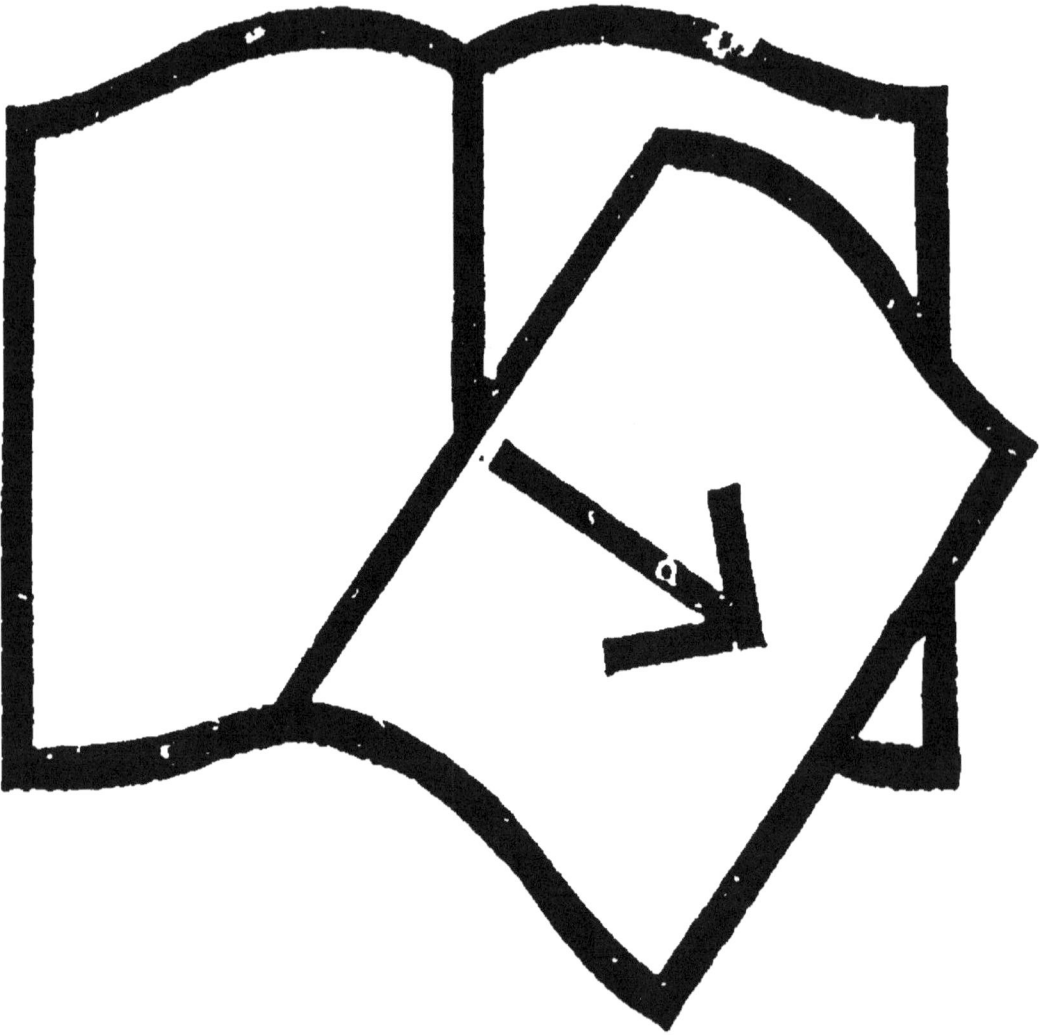

Documents manquants (pages, cahiers...)
NF Z 43-120-13

Sceaux. — Imp. Charaire et fils.

BIBLIOTHÈQUE DE PHILOSOPHIE CONTEMPORAINE

Volumes in-18 brochés à 2 fr. 50 c.

H. Taine.
L'idéalisme anglais.
Philos. de l'art dans les Pays-Bas. 2ᵉ édit.
Philos. de l'art en Grèce. 2ᵉ éd.

Paul Janet.
Le Matérialisme conte. 4ᵉ éd.
La Crise philosophique.
Philos. de la Rév. franç. 3ᵉ éd.
St-Simon et le St-Simonisme.
Spinoza : Dieu, l'homme.
Les origines du socialisme contemporain. 4ᵉ édit.

Odysse Barrot.
Philosophie de l'histoire.

Alaux.
Philosophie de M. Cousin.

Ad. Franck.
Philos. du droit pénal.
Rapports de la religion et de l'Etat. 2ᵉ édit.
Philosophie mystique au XVIIIᵉ siècle.

E. Saisset.
L'âme et la vie.
Critique et histoire de la philosophie.

Charles Lévêque.
Le Spiritualisme dans l'art.
La Science de l'invisible.

Auguste Laugel.
Les Problèmes de la nature.
Les Problèmes de la vie.
Les Problèmes de l'Ame.
La Voix, l'Oreille et la Musique.
L'Optique et les Arts.

Challemel-Lacour.
La Philos. individualiste.

Charles de Rémusat.
Philosophie religieuse.

Albert Lemoine.
Le Vital. et l'Anim. de Stahl
De la Physion. et de la Parole
L'Habitude et l'Instinct.

Milsand.
L'Esthétique anglaise.

A. Véra.
Essais de Philos. hégélienne.

Beaussire.
Antécéd. de l'hégélianisme.

Bost.
Le Protestantisme libéral.

Ed. Auber.
Philosophie de la Médecine.

Leblais.
Matérialisme et spiritualisme.

Ad. Garnier.
De la morale dans l'antiquité.

Schœbel.
Philos. de la raison pure.

Ath. Coquerel fils.
Transf. du christianisme.
La Conscience et la Foi.
Histoire du Credo.

Jules Levallois.
Déisme et Christianisme.

Camille Selden.
La Musique en Allemagne.

Fontanès.
Le Christianisme moderne.

Saigey.
La Physique moderne. 2ᵉ tir.

Mariano.
La Philos. contemp. en Italie.

E. Faivre.
De la variabilité des espèces.

J. Stuart Mill.
Auguste Comte. 2ᵉ éd.
L'utilitarisme.

Ernest Bersot.
Libre philosophie.

Albert Réville.
La divinité du Jesus-Christ
2ᵉ éd.

W. de Fonvielle.
L'astronomie moderne.

C. Coignet.
La morale indépendante.

E. Boutmy.
Philosophie de l'architecture en Grèce.

E. Vacherot.
La Science et la Conscience.

Em. de Laveleye.
Des formes de gouvernement.

Herbert Spencer.
Classification des scienc. 2ᵉ éd.
L'individu contre l'Etat.

Max Muller.
La science de la religion.

Ph. Gauckler.
Le Beau et son histoire.

Bertauld.
L'ordre social et l'ordre moral.
Philosophie sociale.

Th. Ribot.
La Philos. de Schopenhauer.
2ᵉ éd.
Les Mal. de la mémoire. 4ᵉ éd.
Les Mal. de la volonté. 4ᵉ éd.
Les Maladies de la personnalité

Bentham et Grote.
La Religion naturelle.

Hartmann (E. de).
La Religion de l'avenir. 2ᵉ éd.
Le Darwinisme. 3ᵉ édition.

Lotze (H.).
Psychologie physiologique.
2ᵉ édition.

Schopenhauer.
Essai sur le libre arbitre. 3ᵉ é
Fond. de la morale. 2ᵉ éd.
Pensées et fragments. 5ᵉ éd

L. Liard.
Logiciens angl. contem. 2ᵉ éd

H. Marion.
Locke, sa vie et ses œuvres.

O. Schmidt.
Les sciences naturelles e
l'inconscient.

Hœckel.
Les preuves du transformisme
La psychologie cellulaire.

Pi y Margall.
Les nationalités.

Barthélemy St-Hilaire.
De la métaphysique.

Espinas.
Philos. expérim. en Italie.

Siciliani.
Psychogénie moderne.

Leopardi.
Opuscules et Pensées.

A. Lévy
Morceaux choisis des philosophes allemands.

Roisel.
De la substance.

Zeller.
Christian Baur et l'Ecole de
Tubingue.

Stricker.
Le langage et la musique.

Ad. Coste.
Conditions sociales du bonheur et de la force. 2ᵉ éd.

A. Binet.
La psychol. du raisonnement.

Gilbert Ballet.
Le langage intérieur.

Mosso.
La peur.

G. Tarde.
La criminalité comparée.

Paulhan.
Les phénomènes affectifs.

Ch. Féré.
Sensation et mouvement.

Ch. Richet.
Essai de psychologie générale

J. Delbœuf.
La matière brute et la matière
vivante.

www.ingramcontent.com/pod-product-compliance
Lightning Source LLC
Chambersburg PA
CBHW070416090426
42733CB00009B/1690